を超えて

采根譚

野口定男

鉄筆文庫 003

鉄 筆

推薦の言葉

横山忠夫
「手打ちうどん立山」店主
立教大学野球部ＯＢ会幹事長

網走の高校を卒業して立教大学に入学したのは昭和43年です。野口定男先生は当時、野球部の部長を務められていました。

野口先生は、私が網走から東京に出て来て、初めて出会ったタイプの大人の男《ひと》でした。野球部の部長ですが、野球の指導にはいっさい口出ししません。先生はいつも私たち学生の目線にまで降りて来て、学生の目線に合わせて、野球以外の、人生についてのいろいろなお話をされる方でした。

ある時、私が20歳になってからのことです。野口先生に酒席に誘われました。酒の強い先生と一緒に飲みながら、先生の話をじっくりと伺ったことがあります。その時に先生がおっしゃっていたことは、今でもよく覚えています。「野球をやっている人生よりも、そのあとの人生の方がずっと長いんだ。だから、そのときのために、人間としての基礎（土台）をしっかりと作らなければいけないんだよ」と。

私は立教大学を卒業後、プロ野球の巨人に入団しました。先生は学生に対して、華やかなプロの世界に憧れるよりも、企業に勤めて堅実に働いてほしい、と願っていたそうです。だからといって、私がプロ野球の世界に進むことに対しては、反対されませんでした。賛成もされませんでしたけれども。

結局、プロ野球に進む決断は、自分自身で行いました。私のプロ野球生活は巨人で6年、ロッテで1年の7年間。プロ野球選手としての生活を終えた私は、先生の言うとおりの、野球人生よりも長い、その後の人生のために、自分の店を持つために、3年間の修業に打ち込みました。そうして、「手打ちうどん立山」を開くことができたのです。開店してから今年で33年になります。3年間の修業時代、先生の言葉を思い出しながら、一生懸命に修行に打ち込んだからこそ、今があるのです。

今回、野口先生の著書『世俗の価値を超えて―菜根譚』が40年ぶりに復刻されました。私の学生時代に先生が話されていた言葉や、私が感銘を受けた言葉は、復刻されたこの本にみんな書いてあります。この本は中国の古典を元にしているのですが、単なる日本語訳だけではない、先生独自の丁寧な解説文がとても読みやすく、分かりやすいのです。もちろん現代の学生、若い人にも読んでもらえる本だと思いますし、ぜひ読み継がれてほしいと願っています。

2015年1月

1950年1月4日生まれ。北海道網走市出身。網走南ヶ丘高校でエースとして活躍し、3年の夏に甲子園出場。立教大学では3年の春にノーヒットノーランを達成するなど神宮でも活躍。72年のドラフトで巨人軍から1巡目指名を受け入団。75年にローテーション入りして8勝をマーク。77年自由契約になったあとロッテにテスト入団し1シーズン在籍。1軍での通算成績は12勝15敗、防御率4・64。引退後、東京・池袋の立教大学キャンパス近くに、手打ちうどんの店「立山」を開店。

世俗の価値を超えて

菜《さい》根《こん》譚《たん》

序

『菜根譚《さいこんたん》』は、明《みん》の洪自誠《こうじせい》の著書であり、前集と後集とから成り、あわせて三五〇余の断章を収録してある。内容は儒教《じゅきょう》思想を中心として道・仏二教の思想をも含んだ処世訓といえよう。巻頭には、于孔兼《うこうけん》の題詞が掲げてあり、それによると、洪自誠は于孔兼の友人である。于孔兼は、万暦《ばんれき》八年（一五八〇年）の進士（高等文官試験合格者）であり、明末の正義派官僚の一方の雄でもあったので、その友人である洪自誠は、明末の神宗《しんそう》（皇帝＝万暦帝）の時代の人であることはまちがいない。

しかし、明史にも明代諸人の伝記類にも、その名が全く記されていないところからみると、政治の表面に立った人ではなく、高級官僚でもなく、また豪族とか、事業家でもなかったのであろう。つまり、一介の庶民として生きた人らしい。

『菜根譚』を書いたほどの知識人が、知識人を尊重する中国社会のなかで、一介の庶民として生きたということは、いったい、どういうことなのだろうか。このことを考える手がかりは、つぎの陶淵明《とうえんめい》の詩（「雑詩十二首」の其の一）に示されている。

人生　根蔕《こんてい》なく
飄《ひょう》として陌上《はくじょう》の塵《ちり》の如《ごと》し
分散して風にしたがいて転ず
これ已《すで》に常身にあらず
地に落ちて兄弟となる
何ぞ必ずしも骨肉の親のみならんや
歓を得ては当《まさ》に楽しみを作すべく
斗酒　比隣《ひりん》を聚《あつ》めん
盛年　重ねて来たらず
一日　再び晨《あした》なり難し
時に及びて当に勉励すべし
歳月は人を待たず

〈人の命は、はかなくて、風に散る路上の塵のようなものだ。ただ無常のままにうつろうだけ。だからこそ、生まれたものはみな兄弟なのだ。血のつながりだけが人々の親しみの絆《きずな》ではない。もし、歓楽の機会にめぐまれたら、隣り近所があつまって楽しく飲もう。若い盛んなときは二度はない。一日に朝は一度だけ。機会をとらえて充実した生活をおくってこそ人生だ。時はおかまいなく過ぎ去るのだから〉

人の命は、はかない。それは時間と空間を限って与えられる。そして、ただ無常のままにうつろい、死――消滅に帰する。

それから先は?　それはいくら考えてもかいのないことだ。だとすれば、人は生きている時間を、その時その時に応じて、充実したものとするほかに道はない。まず、自分一身の生活の充実を目指す、これが修己《しゅうこ》である。

ところで、人は個人であると同時に、社会人として存在する。自分の生活が充実していると窮極《きゅうきょく》的に自覚されるのは、自分をとりまく周囲の人々の生活も充実しているという状況の下でなければならない。だから、修己の道をあゆめば、必然的に治人《ちじん》――他の人々の生活を充実させる――に結びつく。

修己・治人とは、言いかえれば修身・斉家《せいけ》・治国・平天下である。

充実した一身の生活をもとにして、一家の生活を充実し、充実した一家の生活をもとにして、一国の生活を充実し、ついには全天下の人々の生活を充実する。全天下の人々の生活が充実していると認められて、はじめて自分の生活の充実が自覚される。平天下を意識の外においては、修身は成立しない。治人なくしては修己はない。

陶淵明は晋《しん》の乱世に生きて、その生涯のある期間、生活の資をうる必要から官吏《かんり》として世にでたが、清廉であるがために、どうしても官吏生活になじめず、世にあることを断念して田園に帰り、修己につとめた。

「地に落ちて兄弟となる、何ぞ必ずしも骨肉の親のみならんや」とは、そうした彼の心の底から発した悲痛な絶叫であったろう。

明の神宗の時代も、政情の不安な時代であった。すなわち、忠臣であり功臣であった張居正《ちょうきょせい》の死後、不忠の臣が権勢をもっぱらにして政治を乱し、異民族との抗争のために財政は窮乏し、その立て直しに乗じて、宦官《かんがん》の民に対する誅求《ちゅうきゅう》があり、そのために各地に兵乱さえおこるありさまであった。このような世にしか生きることのできなかった洪自誠は、あるいは、はじめから世にでることを断念し、庶民のなかにあって修己につとめ、広く庶民の生活の充実を念じて、『菜根譚』を書きつづけたのでもあろうか。

わたしは中国人ではない。明代に生きてもいない。現代に生きる日本人である。しかし、さいわいにも庶民である。庶民として生きることに、大きな喜びを感じている。そのわたしが『菜根譚』を読んで、なにを教えられ、どんな感想をもっただろうか。以下、それを述べてみたい。

目次

第二章　自己の本質にたちむかう

第四章　美しい人生を築くために

第五章　不安な社会を生き抜く知恵

第六章　真の愛と幸せとは何か

第一章　人間の本然とは何か

人の生きる意味は何か

「天地に万古あるも、この身はふたたび得られず。人生はただ百年、この日もっとも過ぎやすし。幸にその間に生るる者は、有生の楽しみを知らざるべからず、また、虚生の憂ひを懐《いだ》かざるべからず」前集107

天地の存在は永遠であるが、この身は一生を終れば二度と生まれることはできない。人生はわずかに百年、しかも、月日はあっという間に過ぎ去ってしまう。幸いにも天地の間に生まれて人となったわれわれは、人として生きる楽しみを知らなければならないとともに、せっかく与えられた人生を、むなしく過ごさないようにという心がけを持ちつづけなければならない。

人の一生ははかない。瞬く間にすぎ去ってしまい、死をもって終る。そして、人は二度とは生まれることはできない。そこで、人と生まれて一生をおくることが幸か不幸か、有意義か無意義かという疑問がわくが、それは、考えてもはじまらない疑問である。なぜなら、われわれは現に人として生まれて生きているのだから。

人としてのはかない一生、それは、唯一のものとして、われわれに与えられたものなのである。考える必要があるのは、与えられた、はかない一生を、どう生きれば幸福に過ごすことができるのか、有意義に過ごすことができるのかということである。所詮《しょせん》はかない一生なのだから、どのように生きたところではかない。だからなにも考えずに酔生夢死するというのも、たしかに一つの生きかたではあるが、それでは、はかない一生をますますはかなくしてしまうだろう。はかない一生ではあるが、幸いにも人と生まれたおかげで、われわれにはさまざまな楽しみがある。知る楽しみもあれば、創造《つく》る楽しみもある。友情もあれば、恋愛もある。恵まれた境遇を利して世の中のために大事業をおこなう楽しみもあれば、みじめな境遇を清潔に乗りきる楽しみもある。それらを知って真剣に追求すれば、所詮はかない一生であっても、むなしさに苦しめられることはなく、一刻一刻を充実することによって、短い人生を有意義なものにすることができるのではなかろうか。

人の一生は仮りの夢を見ているようなもの

「幻迹《げんせき》を以《もっ》て言へば、功名富貴に論なく、すなはち肢体《したい》もまた委形に属す。真境を以て言へば、父母兄弟に論なく、すなはち万物もみなわが一体なり、人よく看《み》えて破り、認めえて真ならば、わづかに天下の負担に任《た》ふべく、また、世間の韁鎖《きょうさ》を脱すべし」前集103

この世が幻のように仮りにあらわれた現象界だという観点に立てば、功名富貴などはいうまでもなく、わが肉体でさえ、仮りの形でしかない。この世が真の実在界だという観点に立てば、父母兄弟はいうまでもなく、天地万物もみなわれと一体である。そこで、この世が幻のような現象界だということを見破り、同時に、実在界における真を認識することができた人であってこそ、はじめて天下を一身に背負って立つことが可能であり、また、人間世界の拘束を超えて、自由の境に遊ぶことができる。

われわれは人間として生きているわけであるが、その人間として生きるとは、いったい、どういうことなのであろうか。

これは大問題で、全面的に解答するのは至難のことであろうが、菜根譚の著者は、一方の極を〝人間は仮りの身の現象である〟ことにおき、他方の極を〝人間は天地万物と一体の実在である〟ことにおいて、その両極の間において生きることとしてとらえている。

人間は生まれて死ぬものであり、死ねば消滅して無に帰する。従って、人間として生きるということは、しばらくの間、人間の形で天地の間に存在するだけのことで、幻のような仮りの身にすぎない。そうだとすれば、その人間が集まって形成する世の中は、所詮《しょせん》、幻の世界であり、そのなかで功名をとげ富貴を得てみても、それらも、やはり仮りのものであるから、それらに執着して生きるのは無意味だということになる。

とはいうものの、人間は生まれて存在するものである。大地に立ち、大気を呼吸し、日月の光をあび、他人とともに活動し、草木・鳥獣ともかかわる。つまり、人間は父母兄弟と血縁関係にあるだけではなく、天地万物と一体の実在であり、死は無に帰するのではなくて、天地の間に帰することになる。そうだとすれば、人間が集まって形成する世の中は、実在の世界であり、この世の万事は、人間にとって天地万物と一体の実在としての立場から処理されなければならない。

では、以上の両極をふまえてその間に生きるとは、現実にどのように生きることであろうか。それは、本巻の諸章が物語っているのである。

天は公平にして二物を与えず

「人の際遇は、斉《ひと》しきあり、斉しからざるあり。しかも、よく己《おのれ》をして独り斉しからしめんや。己の情理は、順なるあり、順ならざるあり、しかも、よく人をしてみな順ならしめんや。これを以て相観対治せば、またこれ一の方便法門なり」前集53

人の身の上について見ると、たとえば、財産も地位も健康も子孫も、一切がそろっている者もあり、そろっていない者もある。それなのに、自分だけに何から何までそろっていることをのぞめようか。また、自分の精神状態について考えてみると、道理にかなっている場合もあり、かなっていない場合もある。それなのに、人に対してだけ、常に道理にかなうことをのぞめようか。以上のことから、自他について相対的に観察して、その関係をつりあいのとれるように処理していくのも、処世上の一つの便宜的な方法である。

「天、二物を与えず」という言葉があるが、まことにそのとおりだと思う。聡明な頭脳の人は身体が弱かったり、権勢家には一族間の争いが絶えなかったりするのは、むしろ世の常であろう。まして、地位もあれば、財産もあり、そのうえ、健康で、家庭的にも恵まれているというような、何から何まで不足のない人は、きわめて少数だろう。このことがわかれば、自分に欠けているものがあっても、いたずらに人を羨んでみたり、ひがんで人と摩擦をおこして、自他ともに不快になったりすることはなくなる。たとえば頭の廻転が悪いために、人より仕事がおそくても、その分は体力でカバーして追いつくというように、自分にあるものを活用することによって、希望をもって生活するようになるだろう。

また、自分の言動は常に道理にかなっているわけではない。それなのに、人に対してだけ、常に道理にかなった言動を要求するのは酷であり、思いあがりである。人に対して厳しくすることは、必ずしも悪いことではないが、この点を考えて、あまり厳しくしないのも、おだやかに人と交際する一法だろう。

人の言動が常に道理にかなっているわけでないのだから、自分も道理にかなわない言動をしてもいいのだと考えたら、それは大変な間違いである。そんなふうに自分を甘やかしてしまったら、自分自身の充実も進歩もなくなってしまう。自分にはあくまでも厳しく、そして、人に対してはあまり厳しくしない、これが正常の処生の法であろう。

自然をいつくしむ心、それを平和という

「『鼠《ねずみ》のために常に飰《めし》をとどめ、蛾《が》を憐《あわれ》みて燈を点ぜず』。古人のこれらの念頭は、これ吾人の一点生々の機なり。これなければ、すなはち、いわゆる土木形骸《けいがい》のみ」 前集170

むかしの詩句に、「鼠が餓死してはかわいそうだと思って、いつも飯を残してやり、蛾が飛びこんで焼死しては憐れだと思って、燈火をつけないでおく」とある。むかしの人のこのような慈悲心は、われわれ人類が生生発展する根本的なはたらき

である。これがなければ、人類は土や木と同じ形骸にすぎない。

食事のまえに、われわれは「いただきます」という。「いただきます」は、明らかに丁寧語である。では、いったい、なにに対して敬意を表しているのだろうか。キリスト教徒の食前の祈りは、神に対してささげられるが、「いただきます」の敬意は、食物そのものに対してささげられるように思われる。人間は食べなければ生きつづけられない。人間に食べられるものは何か。植物と動物——つまり、人間と同じ生物である。生物はそれぞれ生命をもっている。人間だけが勝手に他の生物の生命を絶って、食べてしまってよいのだろうか。人間がそうしてよいのなら、他の生物もまた人間を食べてもよいはずだ。事実、そうなのだ。だから、人間の歴史は、他の生物に対する自衛の歴史でもあるのだ。生物が生きつづけるためには、他の生物をたおすという無惨な営みはさけられない。人間の生物としてのそうした悲しい本質に対する反省が、「いただきます」にこめられているのではなかろうか。

〈鼠のために常に飯をとどめ、蛾を憐みて燈を点ぜず〉これは、宋《そう》の蘇東坡《そとうば》の詩の一節であるが、まさに、人間の生物としての悲しい本質を自覚するからこそ、純真に発した慈悲心といえよう。この慈悲心は、べつに蘇東坡にかぎったことではない。良寛《りょうかん》は居室の床下に生えた筍《たけのこ》の成長のために畳をあげてやり、一茶《いっさ》は雀の子の傷つくことを恐れて、「雀の子　そこのけそこのけ　お馬がとほる」と詠じている。良寛には、筍がそだってから食べてやろう、というような下心はなかったろうし、一茶には、雀の子を助けてやったことで、情ぶかい善人だと人々から思われたい、というようなけちな気持ちはなかったろう。

純真に発する慈悲心、これこそは人類が生生発展する基底であり、これがなければ、人は血のかよわぬ形骸にすぎない。この自然と生物に対する本心からのあわれみの心、いつくしみの心もなく、ただ酔いしれたように「平和、平和」と叫ぶまえに、再思三考すべきことがらであろう。

真理と摂理

不遇・不運のときの注意

「天われに薄くするに福を以てせば、われはわが徳を厚くして以てこれを迓《むか》へん。天われを労するに形を以てせば、われはわが心を逸にして以てこれを補はん。天われを阨《やく》するに遇を以てせば、われはわが道を亨《とお》して以てこれを通ぜん。天かつわれをいかんせんや」前集90

禍福は天運にかかわる。そこで、

もし、天が薄い福しか、わたしに与えてくれないならば、わたしはわが徳を厚くするように努力して、その薄い福を甘受するとともに、天がより厚い福をくだしてくれるように仕向けていこう。

もし、天が貧苦や病苦などでわたしの身体を苦しめるならば、わたしはわが心を安楽に保つことによって、その苦しみの補いをつけよう。

もし、天がわたしのする事なす事すべてを失敗させて、身動きのできない境遇におとしいれるならば、わたしはあくまでもわが道をつらぬいて、その境遇を通りぬけるようにしよう。このような強い心を堅持していれば、天もわたしをどうすることもできないだろう。

憂きことの　なほこの上につもれかし
限りある身の　力ためさん

とは、戦国の勇将・山中鹿之助の決意であるが、人力をもって運命に立ちむかう方法においては、本章と軌を一《いっ》にしている。

いかなる不幸に見舞われても嘆かず、いわれのない不遇にも泣かず、笑ってそれらを甘受し、さらに、敢然としてより強烈な不幸・不遇に立ちむかおうとする決意は、世をわたる上において、人として欠くことのできないものであろう。そして、その決意を固めるにいたる第一歩は、あの楽しみ喜ぶ心を養い育てること、殺伐とした心をなくして、平穏な心を保つことから踏みだされるだろう。

幸せを求めない人に天は幸せを与える

「貞士は福を徼《もと》むるに心なし、天すなはち無心のところに就きてその衷《ちゅう》を牖《ひら》く。憸《けん》人《じん》は禍を避くるに意を著《つ》く、天すなはち著意《ちゃくい》の中に就きてその魄《はく》を奪ふ。見るべし、天の機権の最も神なるを。人の智巧なんぞ益あらん」前集91

貞節な人は、節義を守ることに終始するから、自分の福を求めようとする心をもたない。たとえば、その人が富貴の地位にあれば、富貴の人としての節義を守り、ひたすら、世のため人のために心身を労するだろう。また。貧賤《ひんせん》の地位にあれば、貧賤の人としての節義を守り、他に心ひかれることなく、清潔に生きぬくだろう。

ところで、世のため人のために心身を労することに集中して余念ないとき、また、清潔に生きぬくことに集中して余念ないとき、その人の衷心は喜楽にみちみちて、それは、そのまま福であろう。つまり、天は、貞節の人が福を求める心がないから、逆に福を授けるのであろう。

心のねじけた陰険な人は、自分が他人に対して常に禍の種をまくから、他人も自分に対してそうするのではないかと曲解して、禍を避けることのみに心を集中する。だから根も葉もない妄想に悩まされて、びくびくと禍を避けることのみに心を集中していることは、そのこと自体が禍であろう。

つまり、天は、心のねじけた陰険な人が、禍を避けようとびくびくしているから、逆に気絶させるほどの禍をくだすのである。

まことに天の機権《はたらき》は神妙不可思議であり、それにくらべれば、人智は全くあさはかで何の価値もないのである。

欲望が人間を滅ぼすことを恐れる

「心は虚ならざるべからず、虚なればすなはち義理きたり居《お》る。心は実ならざるべからず、実なればすなはち物欲入らず」前集75

心は、一面においては、外物に対する欲望をおさえて、空虚にしておかなければならない。外物に対する欲望をおさえて空虚にしておけば、道理が自然とはいってきて定着し、そのおかげで心はいつも正常でありうる。また、心は、一面においては、道理で充実しておかなければならない。道理で充実しておけば、外物に対する欲望がはいりこむ余地がなく、そのおかげで邪念がわく心配はない。

道理を重んじて外物に対する欲望をおさえようというのが、この章の趣旨であろう。道理は人をもっともよく生かすが、外物に対する欲望は、往々にして人を邪念のとりこにさせるからである。しかし、人は外物に対する欲望を全く絶つことはできないし、また、それを活動させることによって、さまざまの文明を生んできた。物質文明とよばれるものは、すべてその所産であろう。だが、外物に対する欲望を活動させるあまりに道理の追求を怠ると、人は外物に使役されるだけのものになって、ついには自分を滅ぼしてしまう。たとえば、地位を獲得するために卑劣な策をめぐらして他人を蹴おとしたり、財貨を欲張って他人を泣かせたりして、いつかは人々の怨《うら》みを買い、思わぬ災難に見舞われるようなことがある。

やはり、外物に対する欲望は制御しなければならないが、道理を追求すれば自然にそれができる。しかも、道理の追求は人間本来のいとなみであり、冷静な心には必ずそれは宿っている。経済繁栄もいいが、われわれにとって冷静な心に立ちかえることは、極めて重要な課題であろう。

運命と人間

動中においても冷静さと余裕をもちうるために

「天地は寂然《せきぜん》として動かず、しかも、気機は息《や》むことなく、停《とど》まること少し。日月は昼夜に奔馳《ほんち》す、しかも、貞明は万古にかわらず。故に、君子は、間時に喫緊的心思あるを要し、忙処に悠間的趣味あるを要す」前集8

天地は、一見したところ、ひっそりと静まってすこしも動いていないが、しかし、その活動は寸時も休息することなく、万物を生生化育させている。また、日月は昼夜をおかずに駈《か》けめぐって、しばしも止まることはないが、しかし、その不滅の光明は、万古にわたって毫《ごう》も変わることなく照り輝いている。このように、静中に動があり、動中に静があって、その静・動が調和して完全な活動をするのが、宇宙の真の姿である。宇宙間の一存在としての人間は、そうした宇宙の法則を人間的に展開すべきであるから、心ある人は、何事もおこらない閑散なときにも、火急の変に応じうる心がけをもっていることが肝要であり、反対に、いかに事多く繁忙なときにも、綽々《しゃくしゃく》とした心の余裕をそなえていることが肝要である。

人は生きるためには、いろいろと活動しなければならない。生活をささえるために働かなければならず、他人との交際もしなければならない。しかし、むやみに活動すればそれでいいというわけにはいかない。いくら生活をささえるためとはいえ、どんな仕事でもするというわけにはいかず、交際だからといって、みすみす悪事に加担するわけにもいかない。活動は正当でなければならない。そのためには、自分自身を見つめて、志向と意欲、適性と能力などを考えなければならないし、また、自分をとりまく社会の状況を、冷静に判断する必要もある。

つまり、人は活動しながら冷静な心を保つ――動中に静を保つ――必要があり、そうしないと、自分自身を見失い、社会からもはみだすことになる。

動中に静を保つというと、非常にむずかしいことのようであるが、実は、ある程度は、ほとんど誰もが実行していることである。食うための仕事に追われながらも、自分の生活を組み立てていくのは、それなりに考えているからであり、考えることができるのは、心がある程度冷静だからである。すなわち、人は活動しながらともかくも冷静な心をもっているわけで、ある程度は動中に静を保っていると言えよう。そこで、問題は、その冷静な心をどこまで保ちうるかにある。

人生には繁忙もあれば、火急の変もある。それらに直面しても依然として冷静な心を保ってこそ、真に動中に静を保つことになる。人がもちたいのは、そのような冷静な心なのだが、どうしたらそれをもつことができるだろうか。

『菜根譚』の別の章に、

「静中の静は真の静にあらず、動処に静にし得きたりて、わずかにこれ性天の真境なり」前集88
とある。静かな境遇のなかで保つ冷静な心は本物ではなく、驚天動地のなかでも心を冷静に保ってこそ、真の冷静な心に達したのだ、と言っているわけである。だがこれは、静中の静は無価値だと言っているのではなく、それを動中の静にまで高めることが肝要だ、と説いているのである。

さきに、ほとんどの人がある程度の動中の静を保っていると述べたが、ある程度の動中の静とは、実は、ここにいう静中の静である。ともかくも平常の生活のなかで保たれる静である。それは、平常の生活のなかで、さまざまな体験を重ねることによって、動中の静になりうる。ただし、いくら体験を重ねても、その都度ただ受け流してしまうのでは何にもならない。体験のたびに、その最中の自分の心の動きを反省することが肝要であり、それには、夜、ひとり、部屋にとじこもって、自分に対するのもよく、休日に山野にでて、自然のなかで考えるのもよい。そのようにして常に体験を生かしつづけていけば、驚天動地のなかでも、心を冷静に保ちうる境地に達することができるだろう。つまり、動中の静は、静中の静から発するのである。

禍福は心の持ちかたで大きくも小さくもなる

「福は徼《もと》むべからず、喜神を養ひて以《もっ》て福を召《まね》くの本となさんのみ。禍は避くべからず、殺機を去りて以て禍に遠ざかるの方となさんのみ」前集70

幸福や災禍は、天運にかかわるものであって、人力ではどうすることもできない面がある。だから、幸福は求めようとして求められるものではなく、災禍は避けようとして避けられるものではない。ただ人にできることは、楽しみ喜ぶ心を養い育てることによって、幸福を招きよせる土台をつくり、殺伐とした心をなくすことによって、災禍から遠ざかる工夫をすることである。

楽しみ喜ぶ心があれば、すこしぐらい苦しい境遇におかれても、たいして苦しみを感じないだろうし、その心が確固たるものに高められれば、非常に苦しい境遇におかれても、笑って苦しみに耐え、平常の心を保つことができるだろう。殺伐とした心をなくして、平穏な心を保てば、ことさらに他人を害することはなく、すくなくとも、他人に害を与えて怨まれ、その仕返しをうける災禍からは遠ざかることができるだろう。

また、暴風のために家を壊されても、いたずらに天を怨んで自棄《やけ》になることもなく、ただちに修繕にとりかかり、大難を小難にくいとめることができるだろう。

「禍福は地中から湧いてくるわけではなく、天上から降ってくるわけでもなく、自分自身が生みだすものだ」という言葉があるが、それは、以上のような意味あいで言われているのである。

淡白な味・特別変っていないことのよさ

「醲肥辛甘《じょうひしんかん》は真味にあらず、真味はただこれ淡なり。神奇卓異は至人にあらず、至人はただこれ常なり」前集7

濃い酒、肥えた肉、唐芥子《とうがらし》、砂糖などのような濃厚な味は、真の味ではない。味の極致である真の味とは、水や米飯のような淡白な味だけである。神変不可思議でとびぬけた奇行を演ずる人は、至人――人徳の最高に達した人――ではない。至人とは、まさに人間の平凡さを完全に発達させたところの偉大な凡人である。

世の中に美味のものは沢山ある。脂《あぶら》ののった肥肉も美味であり、香辛料や甘味料で調味した料理や飲料も美味である。人はたしかにそれらを好むが、しかし、それらがいかに美味だからといって、そればかりを飲食しつづけるわけにはいかない。ところが、米飯や、パンや、水は淡白な味で、格別に美味だとは感じないが、三度々々食べても、いつ飲んでもあきることはない。淡白な味こそ、人にとってあきることのない味の極致だからである。

人間もこれと同じだ。不可思議な言説を弄《ろう》して人々を煙に巻いたり、とびぬけた奇行を演じて世間をあっと言わせたりするのは、たしかに異常な能力の持ち主であり、ある意味ではすぐれた人だといえる。それらの人は、一時的には世人の称讃をあびたり、信望をあつめたりするかもしれない。だが、それは、永続きはしないだろう。不可思議な言説もとびぬけた奇行も、度《たび》かさなれば不可思議でなくなり、奇行でなくなり、世人にあきられるからである。至人はこれとはちがう。平凡という点において、至人は世人と同じ体質である。だから、はじめのうちは、世人は至人に対して別にすぐれたものを感じない。しかし、時がたつに従って、自分たちと同じ体質でありながら、自分たちを超えた何かが至人にそなわっていることに気づいて、やがて、それは尊敬の念に変っていく。つまり、至人は、その偉大な平凡さによって、次第に、しかも限りなく周囲に感化を及ぼしていくのである。「至人はただこれ常なり」——実に味わうべき言葉である。

人の心は宇宙天体と同じようである

「心体は、すなはちこれ天体なり。一念の喜は景星慶雲、一念の怒は震雷《しんらい》暴雨、一念の慈は和風甘露《かんろ》、一念の厳は烈日秋霜なり。何者かかき得ん。ただ随《したが》って起れば随って滅し、廓然《かくぜん》として碍《がい》なきを要す。すなはち太虚《たいきょ》と体を同じくす」前集171

人の心は小宇宙である。喜びの心はめでたい星やめでたい雲であり、怒りの心はとどろきわたる雷や、はげしく暴れる雨であり。慈悲の心はなごやかな風や甘い露であり、厳粛な心は照りつける夏の陽光や、冷くきびしい秋の霜である。

この喜怒慈厳は、人の心にとってどれ一つとして欠くことはできない。ただ、一方がおこれば、一方が消え、からりとしてすこしのさわりもないことが肝要である。そのようであれば、人の心は天空と本質は同じである。

宇宙には景星や慶雲もあれば、震雷や暴雨もあり、また、和風や甘露もあれば、烈日や秋霜もある。それらは、宇宙にとってどれ一つとして欠くことのできないものであり、春夏秋冬の推移のなかに、みごとな調和を保って消長している。そして、その消長によって、万物は生生化育している。

人にも、それぞれ景星や震雷に比すべき喜怒慈厳があり、人が人であるかぎり、その一つとして欠くことはできない。言いかえれば、喜んだり、怒ったり、慈悲ぶかい気持ちになったり、冷厳な気持ちになったりするのは、人としてやむをえないことなのである。ただ、肝要なことは、喜んでもその喜びにおぼれて、しまりがなくなったり、怒ってもその怒りをいつまでも根にもって暴虐《ぼうぎゃく》になったりせず、宇宙の諸現象がみごとな訓和を保って消長するように、時とともに消長して、からりと心を保つことである。そうであれば、その時々にいだく喜怒慈厳は、すべて心身をうるおし、充実した人生が展開されるだろう。

若いときの不摂生は老後に大きな禍を残す

「老来の疾病は、すべてこれ壮時に招きしものなり。衰後の罪孽《ざいげつ》は、すべてこれ盛時に作《な》せしものなり。故に盈《えい》を持し満を履《ふ》むは、君子もっとも兢々《きょうきょう》たり」前集109

老年になってから病気にかかるのは、たいてい若いときの不摂生のたたりである。弱り目にたたり目で、落ちぶれてから襲いかかってくる禍は、たいてい羽振りのよかった昔に、勢いにまかせて犯した罪過の報いである。だから、心ある人は、満ち足りた極盛期にあるときに、自省して慎しむのである。

人生には調子の波がある。すべて好調に展開するときもあれば、不調にあえぐときもある。好調の波に乗っているときには、勢いにまかせてつい無理をしたり、自分本意に動いて思わぬ過失を犯したりしがちであり、いったん不調の波をかぶると、そのことの反動でますます不調におちこむことが珍しくない。

それでも事業などの場合には、隠忍してふたたび好調の波のくるのを待つことも可能だろうが、年令《とし》のからむことはそうはいかない。一度とった年令は後もどりはしない。「盛年重ねてきたらず」だからである。このことは誰でも知っているのだが、さて、若いときには、老衰した自分の姿を思いえがくことは、なかなか困難である。むしろ、老後のことなど考慮のなかにおかずに、精神の面でも若いが故に前進のみを目指し、肉体の面でも元気にまかせて不摂生をくりかえす。これは、一面においては若者の本質でもあり、むげにブレーキをかけると生気のない若者になってしまうおそれもあるが、さりとて、若いときの不摂生が、老後の病気につながって再起不能になるとすれば、やはり工夫しなければならない問題だろう。

平均寿命が飛躍的にのびて、「人生七十古来稀れなり」が昔話になってしまった現在、軽視できない問題の一つがここにある。

人間の価値は後の半生できまる

「声妓《せいぎ》も晩景に良に従へば、一世の胭花《えんか》さまたげなし。貞婦も白頭に守りを失へば、

半生の清苦ともに非なり。語に云ふ、『人を看《み》るにはただ後の半截《はんせつ》を看よ』と、まことに名言なり」前集92

酒席にはべって淫らな明け暮れをしてきた芸妓《げいぎ》も、晩年になって家庭の人となり良夫《おっと》とともに、立派に家庭をおさめれば、それまでの紅おしろいをつけた浮いた生活も、その人の傷として残ることはない。

これに反して、貞節の婦人と称せられてきた人でも、白髪頭になってから節操を失えば、それまでの清らかな生活も苦労も、すべて消し飛んで汚名だけが残る。

ことわざに、「人の価値を見さだめるには、後半生だけを見ればよい」とあるが、これは名言である。

「人を看《み》るにはただ後の半截《はんせつ》を看よ」とは、人にとって後半生だけが大切で、前半生は大切でないとか、後半生を立派に生きれば前半生はでたらめに生きてもよいとか言っているのではない。前半生をでたらめに生きたら、後半生を立派におくれる道理がない。

芸妓にしても、淫蕩《いんとう》な生活に溺れて身をもちくずしてしまったら、晩年になって家庭の人になろうとも思わないだろうし、また、なれもしないだろう。ところが、若いころから苦労して生活を築きあげ、清潔に身を持してきた人が、一生の大半を終ってふと気のゆるみを覚え、思わぬ過誤を犯して、それまでの生活を台なしにしてしまうことはある。

反対に、やむを得ない事情から日のあたらない怪しげな生活に身を沈めてきた人が、そうした境遇にもめげずに人としての節操を守りつづけ、それが報いられて、晩年に浮かびあがることもある。人生は始めから終りまでが勝負なのだ。

つまり、「人を看るにはただ後の半截を看よ」とは、「棺を蓋《おお》うて論定まる」というのと同じで、人の価値は、その一生を終ってみなければわからない、ということを言っているのだ。

人にとって、晩年は必ずくる。功なり名とげて悠々と老後をおくるとまではいかなくとも、せめて、尾羽うち枯らして居処も定まらない身にはなりたくないものである。

年老いてからの生き方

「日すでに暮れて、なほ烟霞《えんか》絢爛《けんらん》たり。歳まさに晩《く》れんとして、さらに橙橘《とうきつ》芳馨《ほうけい》たり。故に、末路晩年は、君子さらによろしく精神百倍すべし」前集196

日はすでに暮れても、なお夕やけは色美しく輝いている。歳はまさに暮れようとして、橙《だいだい》や蜜柑《みかん》はいちだんと芳香を放っている。

このように、自然現象も事の終りにあたって光彩をそえるのだから、心ある人は、晩年にあたってあらためて精神を振い起こして、人生の終りを飾るべきである。

人は、物質生活が充足されても、安穏に暮らせるというわけにはいかない。精神的なはりがなければ、虚無感のとりこになってしまうのである。

そこで、晩年にあたってあらためて精神を振い起こす必要が認められるが、それは、なにも大々的に決意して事を挙げることのみを意味しているのではない。はなばなしく死に花を咲かせることができるのなら、それはたいへん結構な話だが、世の推移を見つめて老人らしい批判を試みるのもよく、書物を読みつづけて心を遊ばすのもよく、趣味に生きてもよいのである。

『菜根譚』の著者は、別の章で

「世に処しては必ずしも功を邀《もと》めざれ、過なきはすなわちこれ功なり」前集28

と述べているが、世の厄介者にならずに、大過なく生活できれば、それは立派な功だという考えかたは、老後の生活については、特によくあてはまる。ただし、大過なく生活するということは、うつろな生活をおくることとは全くちがう。それには、やはり精神の緊張が必要なのである。

自然のようにこだわらない心をもとう

「霽日《せいじつ》・青天も、たちまち変じて迅雷《じんらい》・震電《しんでん》となり、疾風・怒雨も、たちまち変じて朗月・晴空となる。気機なんぞ常あらん、一毫《ごう》の凝滞《ぎょうたい》なり。太虚《たいきょ》なんぞ常あらん、一毫の障塞《しょうそく》なり。人心の体も、また当《まさ》にかくのごとくなるべし」前集124

晴れわたった青空も、たちまち変わって雷が鳴り稲妻が走ることもあれば、はげしい風雨も、たちまちやんで、明月のかがやく晴れ空に変わることもある。そのように、天地自然のはたらきには、なんのこだわりもない。人の心も、かくありたいものである。

人間は自然の恩恵のなかに生きる。空気があるから呼吸ができ、雨が降るから水が飲める。もし、自然がなかったら、そもそも人間は存在しない。ここからわれわれの祖先たちは「大自然の懐にいだかれて生きる」という正しい謙虚な生活態度をあみだした。そして、極めて素直に自然から学ぼうとした。

——澄みきった青空も、たちまちのうちに雷鳴がとどろき、稲妻の走る荒天に変わることもある。そうかと思うと、暴風雨の荒れ狂う陰惨な天気も、たちまちのうちにさわやかな月の照る夜空に変わることもある。こうした変化を、自然は極めておおらかに、なんのこだわりもなくやってのける。

人間にとって、喜怒哀楽の情はつきものだ。心の底から喜ぶがいい、怒るがいい、哀しむがいい、楽しむがいい。しかし、喜んだ後、怒った後は、あの自然のおおらかさにならって、もはやそれらにこだわることなく、さっぱりとしよう。

——くらい暴風雨の日には、鳥さえもひっそりとして鳴き声も悲しげである。澄みわたって風おだやかな日には、草木さえも生き生きとして楽しそうである。してみると、天地の間にたった一日でも和気がなければ、万物はその生をとげることはできない。人間も同様で、一日でも心に喜び和らぐ情がなければ、自分はおろか、周囲のものまでも滅入らせてしまう。心の持ちかた一つで、世の中は苦にも楽にもなるのだ。

いま、われわれの自然への対し方には問題はないだろうか。「大自然の懐にいだかれて生きる」などは、人口のすくなかった昔の悠長な夢だ、生存競争がはげしく、科学も発達した現代では、「自然を征服して生きる」のが当然だ、というような思いあがりがあるのではなかろうか。

ともあれ、大気や大海が汚染され、開発という美名のもとに、山野が荒らされ、都会の緑が急速に生気を失っていく現在、われわれは、自然と人生との関連について、真剣に思いをひそめなければなるまい。

欲望に打ち克つことが自分をいちばん楽にする方法である

「世人は心の肯《うけが》ふところを以て楽となし、かへつて楽心に引かれて苦処にあり。達士は心の払《もと》るところを以て楽となし、つひに苦心のために楽を換《か》へてきたる」

前集201

世間の人は、欲望を満足させることを楽しみとしているから、かえって、その楽しみを求める心に引かれて苦しい思いをしている。ところが、人間的に充実した達人は、欲望にうちかつことを楽しみとしているから、その苦に甘んずる心のおかげで、楽しみを得られる結果になるのである。

人はさまざまな欲望をもっている。そして、その欲望を満足させようとして、積極的な生活態度をとる。そこから、発明や発見もなされ、人は個人的にも社会的にも進歩する。欲望にはこうした面がたしかにあり、そのかぎりでは、欲望は人にとって欠くことのできない大切なものであるが、それをどこまでも満足させようとすると、逆に苦しい思いをしたり、身をほろぼすことにもなる。そこで、欲望を抑制することも、人にとって大切なことになる。

たとえば、冬になれば、人はスキーをしたいと思い、スキーをすることによって、楽しみを味わうだろう。しかし、スキーをするには相応の金と暇が必要である。金と暇がない人は、スキーをしたいと思っても、スキー場にでかけるわけにはいかない。それでもなおでかけたいと思えば、その楽しみを求める心に引かれて、苦しい思いをするだろう。そうかと言って、返すあてもないままに借金をし、職場を投げだして無理やりにスキー場へでかけたらどうなるだろうか。言うまでもなく、社会的に信用を失って、もっと苦しい思いをすることだろう。

だから、金と暇のない人は、スキーをすることによって楽しみたいという欲望を抑えなければならない。そして、もし、その欲望を押えることができれば、そのことによって自分の意志の強さを自覚できて、別種の楽しみを味わうだろう。まさに、「心の払《もと》るところを以て楽となし、ついに苦心のために楽を換《か》へてきたる」なのである。

また、考えてみれば、人の欲望には金と暇があれば満足させられるものが多い。そこで、人は富貴な身分にあこがれるわけだが、富貴だけに価値を認めるとしたら、人生はさむざむとしたものでしかないだろう。いかなる欲望を満足させ、いかなる欲望を抑制したら充実した人生をおくることができるか、これこそ、よくよく考えるべき問題であろう。

第二章　自己の本質にたちむかう

勤勉と立志
忍耐と勇気
高慢と自己愛
欠点と長所
逆境と反省

泥や塵の中に身をおくと汚れているのを忘れる

「身を立つるに一歩を高くして立たざれば、塵裡《じんり》に衣を振ひ、泥中に足を濯《あら》ふがごとし、いかんぞ超達せん。世に処するに一歩を退いて処《お》らざれば、飛蛾《ひが》の燭《ともしび》に投じ、羝羊《ていよう》の藩《まがき》の触るるごとし、いかんぞ安楽ならん」前集43

身を立てるには、常に世間の人よりも一歩高いところに目標を立てていないと、塵《ちり》のなかで衣をふるえば、衣がますます塵だらけになり、泥のなかで足を洗えば、足がますます泥まみれになるようなもので、いつの間にか低俗化されてしまい、とても低俗な世間を超えた高い域に達することはできない。また、世わたりをするには、常に世間の人よりも一歩退いて謙遜に身を持していないと、蛾《ひとりむし》が燈火に飛びこみ、牡羊《おひつじ》が藩《まがき》に角をつっこんだようなもので、身を焼いたり、動きがとれなくなったりして、とても安楽に暮らすことはできない。

同じ政治家でも、自分一身のことは犠牲にして、公正に世のためにつくす人もあれば、政界に身をおいていることを利用して、利権あさりをしたり、ただ大臣になりたくて狂奔する人もある。それは、政治家としての身の立てかたが違うからである。前者は、政治家本来の高い使命を自覚し、その使命にそって、常に自分の政治家としての責任をはたそうとするのだが、後者は、政治家の使命がどこにあるかを考えもせず、ただ利権欲や名誉欲を満足させることが人生の目的だと思いこんでいて、その目的をはたす便宜上から政治家になったにすぎない。そのような人が政治の要路にあれば、そして、その人が有能であればあるほど、世の中はその害毒をこうむる。

現代はわれわれの選挙によって政治家をきめるのであるから、ぜひ前者のような人物を選出したいものであり、また、われわれ自身が身を立てるには、常に心を高尚に持していたいものである。

また、世の中はたしかに生存競争の場である。そのきびしさを理解せずに、自堕落《じだらく》に生きていたのでは、たちまち蹴おとされてしまうだろう。しかし、だからといって、人を蹴おとしても前に出ようとすれば、衝突ばかりくりかえす結果となり、なんのために生きるのかもわからなくなってしまうだろう。従って、自分自身を充実する過程において、生存競争上の武器を身につけるとともに、一歩退いて常に謙遜な態度を持し、ますます自分を充実することに心がけながら、悠々と暮らすべきであろう。「心は高く、身は低く」——これこそ、安楽な人生を送る法である。

常に夢を追う人生には進歩がある

「泛駕《ほうが》の馬も馳駆《ちく》に就くべく、躍冶《やくや》の金も終に型範に帰す。ただ一に優游して振はざるものは、すなはち終身個の進歩なし。白沙《はくさ》云ふ、『人となり多病なるはいまだ羞《は》づるに足らず、一生病なきはこれわが憂なり』と、真に確論なり」前集77

車をくつがえすような暴れ馬でも、調教次第では自在に走らせることができるし、鎔《と》かして型に入れようとするときに跳びだしてしまうような厄介な金属でも、結局は鋳型に入れて好みどおりの器物にすることができる。人間も同じで、どんなに欠点のある人でも、修養次第で有為の人物となることができる。だが、ただ、のらくらと日を過ごすばかりで発奮しない人は、生涯すこしの進歩もしない。白沙先生（明の学者、陳献章《ちんけんしょう》）も、「生まれつき多病なのは致しかたないことで、恥とするにはあたらないが、生涯を通じて精神的煩悶《はんもん》のない人は、なにも考えない証拠で、まことに困ったものだ」と言っているが、本当にそのとおりだ。

はじめから何も考えずに、のらくら暮らそうとする人はまずないだろう。人には誰にでも夢があるからである。夢を追う生活には張りがあり、それは常に充実している。その夢が現実生活のなかで破れたとき、奮起してつぎの夢をえがくか、絶望感にひしがれて気力を失うか、これは人にとっての大問題である。

奮起してつぎの夢を追えば、はじめの夢を追っていたときと勝るとも劣らない充実した生活を取りもどすことができるが、気力を失ってしまうと、生きることのむなしさだけを感じて、ただ、のらくらと日を過ごすようになる。

また、夢が成就されたとき、さらに奮起してつぎの夢をえがくか、満足感にひたって気力を失うか、これも人にとっての大問題である。さらに奮起してつぎの夢を追えば、ますます充実した生活が展開されるが、気力を失ってしまうと、せっかく夢を成就したものの、生活は空虚になり、それから先きは、ただ惰性で生きるだけのことになってしまう。

人生は本来はかないが、生きている間は充実感をもちつづけたいものだ。幸いにも、人には夢がある。その夢が破れても成就されても、すぐにつぎの夢をえがいてそれを追うことは、人にとって決して不可能のことではない。無気力にのらくらと日を過ごして一生を終ってもはじまるまい。

人は勤勉と倹約の意味をはき違えている

「勤は徳義に敏《さと》し、しかるに、世人は勤を借りて以てその貧を済《すく》ふ。倹は貨利に淡《あわ》し、しかるに、世人は倹を仮りて以てその吝《りん》を飾る。君子の身を持するの符は、反《かえ》って小人の私を営むの具となる。惜しいかな」前集163

勤勉とは、本来、つとめて徳義を実践することであるのに、世間の人は、貧乏にならないようによく働くことだと思っている。倹約とは、本来、財貨や利益に淡泊なことであるのに、世間の人は、自分の吝嗇《りんしょく》を飾りたてて弁解する口実としている。こうして、勤勉といい、倹約という、心ある人の身を保つためのおまもりが、かえって、心ない連中の私欲をはかる道具となってしまっているが、まことに惜しいことである。

現代のわが国では、勤倹というと、よくその下に貯蓄の二字がついて、「勤倹貯蓄」が一語として使われている。この場合、勤倹とは、財貨を獲得して、それを節約する意味であり、そうすることによって、物質的に不足のない生活を営むことが目的である。つまり、勤倹は物質的なものを対象として意識された概念である。しかし、本来は、勤も倹も、本章にしめされているように精神的、道義的な意味の語である。

財貨を獲得するためであっても、働く方が働かないよりいい。働いて財貨を獲得すれば、それだけ生活を物質的に安定させることができるからである。働かずに怠けていて生活の資に苦しみ、はては人に迷惑をかけるのは、決して好ましい生き方ではない。

また、財貨に対する執着心からであっても、節約する方が、浪費するよりいい。浪費して生活の資を失い、人の援助をあてにするのは、決してほめた生き方ではない。しかし、人として生きるうえで、生活が物質的に安定すれば、それでいいというものではない。人には精神的な生活もあるからである。

一生懸命に働いて、豊かな物質生活を営みうるようになっても、もし、その人があまりにも財貨に執着すれば、ますます財貨を獲得することのみに専念し、または財貨をへらすまいとして、必然的に吝嗇になる。

吝嗇は欲ばりとうらはらであり、自分が利益をうるためには、人を蹴おとしても何とも思わず、人の窮乏を見てもいささかの援助さえ惜しむようになる。そして、ついには人から憎まれて、自分で自分の首をしめるようになる。これは精神的な生活を忘れたからである。

財貨を獲得するためによく働くと同時に、徳義の実践につとめれば、自然に財貨に対して淡泊になる。そうすれば、もし、豊かな物質生活を営みうるようになっても、決して財貨に執着せず、贅沢もせず、人の窮乏を見れば援助を惜しまないだろう。そして、人から敬愛されて意義ある人生を送ることができるだろう。これが、本来の勤倹というものである。

大人物になることの意味

「人となりて、はなはだしくは高遠の事業なきも、俗情を擺脱《はいだつ》しうれば、すなはち

名流に入る。学をなして、はなはだしくは増益の功夫なきも、物累《ぶつるい》を減除しうれば、すなはち聖境に超ゆ」前集14

大人物となることは、その資質にもよることであって容易ではないが、そう大して高尚・遠大な事業をなしとげなくても、何事も名利のためにするような世俗の情をはらい落とすことができさえすれば、それでもう、名士のなかまにはいったのである。学問に志して、道をきわめることは容易ではないが、そう大して識見を身につける工夫をこらすことができなくても、外物によって心をわずらわされることなく、純粋に勉学することができるならば、それでもう、聖人の域にまで達したのである。

人生における事業は、名声を求めるためになされるのではなく、利欲を満たすためになされるのでもない。自分を充実するためにおこなうのであり、ひいては、世のため人のためにおこなうのである。名声をえたり、利欲が満たされたりするのは、結果的に付随する問題である。

ところが、世人はなかなかそうは思わない。こうもしたら名声が得られるだろうか、ああもしたら利欲を満たしうるだろうかと考えて、こせこせと生活を組み立てる。これでは、名声や利欲にふりまわされているようなもので、誰が、なんのために生きているのかわからない。人は、生きる以上は主体的に生きて、自分を充実しなければつまらない。主体的に生きさえすれば、大事業をなしとげうるかといえば、必ずしもそうではない。大事業をなしとげて名実ともに大人物となるには、その人の資質にもより、また、外的な条件にもよるからである。しかし、大事業をなしとげることはできなくても、力いっぱい自分の人生を生きて、自分を充実することはできる。だから、何事も名利のためにするような世俗の情をはらい落として、主体的に生きれば、それでもう、ひとかどの人物だというのである。

むかしの中国の学問は、人間としての完成を目指すものであり、ひいては治国・平天下のためのものであった。そこで、学問に志す以上は、万般の事象を正しく知り、正しい知識にもとづいて、心を独立的に保つことが基本であった。

平天下につながる正しい行動は、そこから生まれる。だから、たとえば、事象を曲解することを強いるような外からの力に屈せず、また、外からのいろいろな誘惑を除去できれば、聖境にはいる第一関門を突破し、道はひらけるとされたのである。

現在、大学に学ぶことを、もっぱら就職のため、結婚のための布石としてだけ考えている人にとって、これは、再思三考すべき問題であろう。

失敗や困難を恐れるな

「払意《ふつい》を憂ふることなかれ。快心を喜ぶことなかれ。久安を恃《たの》むことなかれ。初難を憚《はばか》ることなかれ」前集199

思いどおりにならずに失敗しても、心配してへこたれるな。思いどおりになっても、喜んでばかりいるな。久しく無事であるからといって、いつまでも無事でいられるとあてにするな。最初にぶつかる困難に尻ごみするな。

人の生活は、常になにかに当面しながら展開されるわけであり、当面している事態を正確にとらえて対処するとともに、つぎに当面すべき事態にそなえることが大切であろう。

たとえば大学を卒業するには、まず入試に合格して大学生となり、つぎに所定の教科単位を修得しなければならない。この場合、入試に失敗して合格できないこともある。合格できなかったからといって、がっかりしてへこたれてしまったのでは、いつまでたっても大学生にはなれない。さらに奮起して受験勉強にはげめば、次年には合格できることもある。まさに、「払意《ふつい》を憂ふることなかれ」である。さて、合格できたとして、大学生になりえたことを喜んでばかりいて、着実に単位の修得にあたらなければ、いつまでたっても卒業はできない。

つまり、生活の流れのなかで、一つの成功に酔いしれてしまっては、いつかは失敗して、失意のときをむかえることになる。まさに、「快心を喜ぶことなかれ」である。

また、生活上の異変は、まったく予期せぬときに、思わぬところから生ずることが多い。だから、無事なときが久しくつづいているからといって、いつまでもそうだと安心していると、とんでもない事態に直面して、まごつくこともある。まさに、「久安を恃《たの》むことなかれ」であり、無事がつづいているときでも、異変がおこった場合、その急場をしのぐだけの、物心両面のそなえはしておきたいものである。

また、生活の流れのなかで、たとえば新事業をおこすなどして、新しい局面をむかえれば、未経験であり、未知であるだけに、さまざまな困難にぶつかることだろう。その最初の困難にぶつかったときこそ、きわめて重要なときであり、それを万全に乗りきることができれば、その後におこる困難はもうあまり苦心しなくても処理できる場合が多い。従って、最初の困難に対しては、断じて尻ごみせずに全力をあげてぶつかるべきである。まさに、「初難を憚《はばか》ることなかれ」である。

逆境のときは自分以上に苦しんでいる人を考えよう

「事やや払逆《ふつぎゃく》するときは、すなはちわれにしかざるの人を思はば、怨尤《えんゆう》おのづから消えん。心やや怠荒するときは、すなはちわれより勝《まさ》れるの人を思はば、精神おのづから奮はん」 前集212

どうも事が思うようにならないときには、自分よりも、もっと思うようにならずに苦しんでいる人のことを考えれば、不運をうらんだり、人をとがめたりする心は、自然に消えるだろう。怠け心がおこってきたときには、自分よりもすぐれた人が努力していることを考えれば、精神は自然と奮いたつだろう。

いいかげんな気持ちではじめた事ならば、失敗しても、やはりだめだったかとあきらめがついて、別にがっかりもしない。ところが、苦心して計画をねり、努力して当たった事が失敗すると、本当にがっかりする。そして、自分ほど不運な者はないと嘆いたり、他人はそれほど努力もしないのに成功しているなどとひがんだりする。

しかし、考えてみれば、する事なす事がすべて思いどおりになるのなら、人生には別に苦労はないはずで、なかなか思うようにならないのが、むしろ普通であり、それだからこそ、人生は面白いとも言えるわけである。だから、失敗したときには、自分よりももっと努力したのに失敗した人がいると思えば、ひがんだり、嘆いたりする気持ちも消えて平静な心になり、つぎの仕事にかかることができるだろう。

また、人は何事をするにつけても、はじめからおわりまで、張りつめた気持ちを持続して、常に勤勉であるというわけにはいかない。あきたり、疲れたりして、怠けたくなることもある。しかし、怠けたくなったからといって、そのまま投げだしてしまうのでは、話にもなにもならない。やはり、怠けたい気持ちを退治して、勤勉な心にかえるのが道である。それには、自分より以上の能力を持っているのに、絶えず努力している人がいること、そして、その人も人間なのだから、自分も同じ人間であるからには、その人のようにやってやれないことはないと考えるのも、たしかに一法であろう。

耐えることは成功の基である

「語に云ふ、『山に登りては側路に耐へ、雪を踏みては危橋に耐ふ』と。一の耐の字、極めて意味あり。傾険の人情、坎坷《かんか》の世道のごとき、もし、一の耐の字を得て、撐持《とうじ》して過ぎ去らざれば、いかんぞ榛莽坑塹《しんもうこうざん》に堕入《だにゅう》せざらんや」前集179

むかしの言葉に、「山に登るときには、危険な傾斜道に注意して、辛抱づよく耐えてすすみ、つもった雪を踏んで行くときには、危険な橋に注意して、辛抱づよく耐えてすすめ」とある。この「耐」の一字には、きわめて深遠な意味がある。よこしまで、陰険きわまりない人情にとりまかれ、容易に志をとげることのできない世の中を渡るのに、もし、「耐」の一字を大切な支えとし、辛抱強く渡っていかなければ、たちまち、くさむらや穴のなかに落ちこんでしまうことだろう。

「耐」――慎重を持して、いかなる艱難《かんなん》にも、正面から立ちむかい、ついにはそれを排除してすすむことは、決して容易なことではない。だが、人にとって、好むと好まざるとにかかわらず、どうしても「耐」の精神をもって生きなければならない場面がしばしばある。そのような場面を乗り切れるか否かは、その人の性格にもよるだろうが、また、その人が、生涯の目標をもっているか否かによることが大きいだろう。あの韓信《かんしん》が、淮陰《わいいん》（地名）の無頼漢《ぶらいかん》に侮蔑されても怒らず、その股《また》の下をくぐらされて、衆人から臆病者だと嘲笑されても平然として耐えたのは、秦《しん》末動乱の世で、あわよくば天下をわがものとしようという大目標を堅持していたためである。だからこそ韓信は後に漢の高祖から攻城野戦の第一人者として称揚される名将になったのである。

木村重成が茶坊主に殴られても、その無法をとがめずに逆に謝罪して恥を忍んだのは、大坂落城を目前にして、多年にわたる豊臣家の恩顧にむくいるために、決死の勇戦をしようという目標をもつが故の「ならぬ勘忍《かんにん》するが勘忍」であった。だからこそ重成は、所期のとおりに華々しい戦死をとげ、忠勇の名を後世に残したのである。

また、「耐」といえば、すぐ念頭にうかぶのは徳川家康である。若き日の人質生活の屈辱に耐えぬいた家康は、ついには天下人になり、徳川三百年の基礎をきずいたのである。

「人の一生は、重き荷を負ふて遠き道を行くがごとし、急ぐべからず」

とは、家康のなみならぬ「耐」から生まれた名言である。われわれは、この名言を噛《か》みしめることによって、深遠にして微妙な哲理を味わうことができるだろう。

高慢と自己愛

賢者が愚者を、金持が貧乏人を馬鹿にすることは天罰に価する

「天は、一人を賢にして、以《もっ》て衆人の愚を誨《おし》へしむ。しかるに、世かへつて長ずるところを逞《たくま》しくして、以て人の短を形《あらわ》す。天は、一人を富ましめて、以て衆人の困を済《すく》はしむ。しかるに、世かへつて有するところを挾《さしはさ》みて、以て人の貧を凌《しの》ぐ。まことに天の戮民《りくみん》なるかな」前集215

天は一人を択《えら》んで賢者とし、多くの愚者を教えさとさせようとした。ところが、世の賢者はその使命を忘れ、天から授かった知恵をふりまわして、他の人々の愚かさを明らかにしている。また、天は一人を択んで富裕にし、多くの貧困者を救済させようとした。ところが、世の富裕者はその使命を忘れ、天から授かった富を誇って、他の人々の貧困さを馬鹿にしている。彼らこそは、まことに天の罰をうけるべき罪人である。

人はみな賢明でありたいと願うだろう。しかし、賢愚は天賦のかかわるところであり、後天的にいかに努力しても、どうにもならない面もある。そうだとすれば、賢者には、その天賦の知恵によって、多くの愚者をみちびき、道理ある世を形成する責任があるはずである。そして、その責任をはたそうとしてこそ、天の意志にこたえ、自分の人生を充実することができるだろう。

ところが、世の賢者は必ずしもそうはしない。あるいは愚者の愚を嘲弄し、あるいは自分の知恵を悪用して、世を惑わす者もある。

また、人はみな富裕でありたいと願うだろう。しかし、貧富は運のかかわるところであり、個人的にいかに努力しても、やはりどうにもならない面もある。そうだとすれば、富裕者には、そのつかみえた富によって、貧困者を救済する責任があるはずである。そして、その責任をはたそうとしてこそ、授かった運を活用し、かいのある人生をおくることができるだろう。

ところが、世の富裕者は必ずしもそうはしない。貧困者をあなどったり、富の力によって痛めつけたりする者もある。

これでよいのだろうか。有識者、政治家、実業家をもって自任する者の、よくよく考えるべき点であろう。さもないと、やがてはみな天罰をうけることとなるだろう。

気軽に実力以上のことをうけおうな

「喜に乗じて諾《だく》を軽くすべからず。酔《よい》によりて嗔《いかり》を生ずべからず。快に乗じて事を多くすべからず。倦《けん》によりて終を鮮《すくな》くすべからず」前集213

うれしさに浮かれて、かるがるしく承諾してはならない。酒に酔ったいきおいで、怒りだしてはならない。調子にのって、手をひろげすぎてはならない。物事に倦《あ》きたからといって、いいかげんな結末をつけてはならない。

心が喜ばしい状態にあるときに事を頼まれて、うれしさに浮かれたまま引き受けてしまい、後になってから、至難のことでとても自分にはできないとわかって、大恥をかくようなことがある。酒に酔ったいきおいで、怒《おこ》ってはならない怒《いか》りを、つい相手にたたきつけてしまい、それまで堪《こら》えに堪えてきた苦心を台無しにしてしまうようなこともある。一つの事に成功したからといって、調子にのって、あれも、これも、と手をだして、能力を集中できないために、すべてに失敗し、再起不能になってしまうようなこともある。

また、他人と共同で仕事をはじめてはみたが、思うように成果があがらないために、中途で倦《あ》きて投げだしてしまい、すっかり信用を失ってしまうようなこともある。これらはみな、気持ちが浮いたり沈んだりして、心の平静を欠いたために、事態を正しく判断できず、そこから起こったふとした過誤が、思わぬ大事をひきおこしてしまった事例である。

本章は、以上のような過誤をおかさないように、気持ちが平静でないときには、平静なとき以上に、慎重に事をはこぶべきことを戒めているわけであるが、過誤をふせぐためには、気持ちが浮いたり沈んだりしても、なるべく早く平静にもどる修練をすることも一法であろう。

そして、それには、

「冷眼にて人を観《み》、冷耳にて語を聴き、冷情にて感に当り、冷心にて理を思ふ。——のぼせていたのでは、正しく見たり、聞いたり、感じたり、判断したりすることはできないから、常に冷静を忘れず、冷静な眼で人物を観察し、冷静な耳で他人の話をきき、冷静な情で事物に対し、冷静な心で道理を思う」前集203

という言葉を、心にきざむことが効果的であろう。

利己心と貪欲は正義と愛情と剛毅を失う

「人はただ一念貪私《たんし》なれば、すなはち剛を銷《け》して柔となし、智を塞《ふさ》ぎて昏《こん》となし、恩を変じて惨となし、潔を染めて汚となし、一生の人品を壊了す。故に、古人は、貪らざるを以て宝となす。一世に度越する所以《ゆえん》なり」前集78

人は、ちょっとでも自分の利益をはかろうとする貪欲な心をおこすと、剛毅《ごうき》な心もとろけて柔弱になり、明らかな智恵もくらくなり、恩愛の情も苛酷な心にかわり、清潔な心も汚染されてしまい、それまで身につけてきた品格を一挙にぶちこわしてしまう。

だから、昔のある人（春秋左氏伝に記されている子罕《しかん》）は、貪らないことを宝としたのであって、それが、その人が一世に擢《ぬきん》でて、衆人の尊敬をうけた所以である。

いま、邪悪な上役の下に、剛毅・明智で、恩愛の情が深く、清潔な心をもった人がいたとする。彼は、その強い心で上役の邪悪に屈せず、明らかな智恵にしたがって、職分をつくし、上役の邪悪に対して同僚や部下を愛情をもって守り、清潔な心をもちつづけていた。そのために、職場には常にひとすじの清風が吹きわたり、期せずして彼に衆望があつまったが、上役には憎まれて昇進できなかった。彼は、はじめ、昇進できないことを誇りに感じていたのだが、長期にわたって昇進できないでいるうちに、ふと魔がさして昇進したいと思った。貪欲な心がおこったのである。

そうなると事態は一変した。昇進したい一念で、彼は上役にとり入ろうとして正論を吐かず、正邪をあいまいにして職分をつくさず、上役の邪悪に則して同僚や部下に苛酷にあたり、清潔な心をすっかりよごしてしまった。

やがて、彼は希望どおり昇進したが、そのときには衆望はすっかり去り、邪悪な上役の同類と見られるようになっていた。——以上はたんなるお話であるが、われわれには貪欲な心がひそんではいないだろうか。

恵まれた境遇や資質に溺れるな

「奢る者は富みて足らず、なんぞ倹なる者の貧にして余あるにしかん。能ある者は労して怨《うらみ》をあつむ。なんぞ拙なる者の逸にして真を全うするにしかん」前集55

贅沢《ぜいたく》な人はいくら富裕であっても、消費することがはげしいので、なにかと不足がちである。これでは、倹約な人が、貧乏はしていても、つつましく生活するために常に余裕があるのに及ばない。また、有能な人は、才能があるのにまかせていろいろ仕事をするが、そのために他人の利益を侵害して怨まれることも多い。これでは、無能な人が、無能のためにこれという仕事もせず、呑気に暮らして本然の性を全うするのに及ばない。

この章は、本来、老荘流の真を全うすることが、人としての最高の生き方だという考えに立脚して書かれている。従って、貧よりも富、無能よりも有能を高しとする人間的な小智を捨て去ることに論点がおかれているわけであるが、もっと常識的に解釈しよう。

「富裕になりたいか、貧乏になりたいか」と問われれば、人は富裕になりたいと答えるだろう。富裕であれば多彩な生活が送れるのに、貧乏生活は苦しいからである。しかし、いくら富裕であっても、贅沢な暮らしをつづければ、たちまち貧乏に転落してしまうだろう。そうなれば、贅沢に慣れているだけに、よけいに苦しむことになるだろう。

それよりも、はじめから貧乏であっても、常に倹約な生活を送って、多少なりとも余裕がもてれば、その方がずっといいと言えよう。つまり、富裕か貧乏かという境遇の問題よりも、贅沢か倹約かという生活態度を問題にする方が、人にとっては本筋であろう。そして、富裕であって、それなりに倹約であるのが、最ものぞましいことだろう。

また、人は、無能であるよりも、有能でありたいとのぞむだろう。有能ならば活躍する天地がいくらでもあり、無能ならば世の中の落伍者になりかねないからである。しかし、いくら有能であっても、人の迷惑をもかえりみずに、才能にまかせて事をおこなえば、人から怨まれて排斥され、活躍の場を閉ざされることもありうる。そうなれば、あたら才能をいだきながら、無聊《ぶりょう》をかこつことになるだろう。

それよりも、無能のために、はじめから野望のいだきようもなく、これというめざましい仕事もせずに、ただ呑気に暮らしている方が幸福かもしれない。つまり、有能か無能かという資質の問題よりも、その資質をどう生かすかを問題にする方が、人にとっては本筋だろう。そして、有能であって、その才能を、自分を含めて世の中を裨《ひ》益《えき》するようにふるまうのが、最ものぞましいことだろう。

欠点と長所

欠点の多い人を非難するのはやさしいが……

「小人を待つは、厳に難《かた》からずして、悪《にく》まざるに難し、君子を待つは、恭《きょう》に難からずして、礼あるに難し」前集36

人徳のない小人物は、欠点や過失が多いから、その人に対して、欠点や過失を指摘してきびしく責めるのは、決してむずかしいことではないが、ともすると、その欠点や過失をとおして、その人までも憎みがちであり、心を寛《ひろ》くして、そのおこないを憎んでもその人を憎まないようにすることはむずかしい。

逆に、人徳のある立派な人物は、美点が多いから、その人に対して、敬意を表して、恭々《うやうや》しくへりくだることは決してむずかしいことではない。だがともすると、敬意を表するのあまり、ひたすら崇《あが》めたてまつってしまい、適切に礼をつくすことがむずかしい。

師が弟子を叱り、弟子がよろこんでその叱責に耐えるのは、師に弟子を進歩させたいと願う心があるからである。もし、師にその心がなくて、ただ憎しみによって叱ったら、弟子はその叱責に耐えようとしないばかりではなく、おそらく師に反抗するようになるだろう。つまり、師が弟子を責める場合には、愛情が根底になければならない。そうでなければ、叱責の意味がないばかりでなく、師弟の関係をもくずしてしまうだろう。

その、愛情が根底になければならない点は、師弟の間だけではなく、人を責める場合にはすべてあてはまる。人徳のない小人物は欠点や過失が多いから、その欠点や過失を指摘して、きびしく叱責することは容易である。しかし、愛情なしで、ただ叱責するのでは、ついにはその人を憎むようになり、その人が欠点を匡正《きょうせい》し、過失をすくなくしていくうえで、何の力にもなり得ないばかりか、ますます頑迷《かたくな》な人物にしてしまう。それならば、はじめから叱責しない方がましなわけで、叱責するからには愛情をもってしなければならない。

ところが、われわれは、人徳のない小人物が自分の周囲にいると、はじめから軽視して、ただ叱りつける対象として扱いがちであり、これが、その人に対する愛情をはばむ原因となっている。人を軽視して、はかない優越感をいだいていたのでは、自分で自分が大した人物ではないことを証明しているようなものだ。「あれも人の子、樽ひろい」的な心に立ちかえって、ともに向上しようと思うようになりたいものである。

これに反して、人徳のある立派な人物は美点が多いから、その美点に対して敬意を表することはむずかしいことではない。しかし、その人のすることなら、何でも立派なことだと思いこんでしまって、ただ恭々しくへりくだってばかりいるのでは、その人に対して礼をつくすことにならないばかりか、自分を卑《いや》しくして、無定見になりさがってしまう。

とかく、われわれは、自分より以上の人物に対してはすくみがちであるが、「かれも人なり、われも人なり」の気概をもって、人生に立ちむかいたいものである。

教えること・教わることのむつかしさ

「人の悪を攻むるは、はなはだしくは厳なることなかれ。その受くるに堪《た》ふることを思ふを要す。人を教ふるに善を以てするは、高きに過ぐることなかれ。まさにそれをして従ふべからしむべし」前集23

人の悪を責める場合には、あまりにも厳しすぎてはならない。相手が叱責されたことで目覚める程度にしなければならない。

人に善を教える場合には、あまりにも高すぎてはならない。相手が教えられた善を実行できる程度にすべきである。

人の悪を叱るのは、当然、その悪を改めさせようとするからだろう。だから、人の悪を認めたときには、叱るのが親切だ。しかし、あまりに厳しく叱ると、相手は、「そんなにやかましいことを言われても、とても自分にはできない」と感じて、逆にすてばちになり、より一層悪にすすむかもしれない。これでは、親切が仇になるわけだ。そこで、相手がどの程度まで叱責を受けとめることができるかをよく考えて、程よく叱ることが肝要なのだ。

人に善を教えるのは、それを実行させようと思うからだろう。しかし、はじめからあまりに高度な善を教えると、相手は、そんなに高度なことは、とても自分にはできないと感じて尻ごみし、ついには善そのものへの志向をもなくしてしまうかもしれない。これでは、人に善を教える意味がなくなってしまう。だから、相手の能力の程度を考えて、実行可能な善を教えることが肝要だ。

以上のことは、まさにそのとおりだと思うが、ちょっと蛇足を加えよう。それは、物事を教え、教わる場合には、教える側も教わる側も、それぞれ相手に対して純粋な心、つまり真心・誠でぶつかれということだ。たとえば、ここに学生野球のチームがある。そこへ新入生がはいり、上級生の教えをうける。その際、上級生が木当にチーム力の増強を願うならば、新入生に高度の技術を身につけて名手になってもらいたいと思うだろう。だから、上級生は、彼が知っているかぎりのセオリーに照らして、高度の技術をきびしく新入生に教えたいと思うだろう。

ところで、野球にかぎらずスポーツの技術は、セオリーを頭で理解するだけでは身につけることができず、体で習得しなければならない性格をもっている。つまり、先天的に恵まれた肉体的能力の所有者でないと、理窟はわかっても体がそのとおりに動かないのだ。もし、教える側の上級生がその能力に恵まれておらず、従って、彼が示す模範が模範にならないとしたらどうだろう。その上級生には新入生を教える資格がないのだろうか。いや、あるのだ。すくなくとも彼は新入生よりもセオリーを知っている。彼の体はセオリーどおりに動かなくても、セオリーに照らして教えれば、教えられた新入生は、そのように動けるかもしれない。恵まれた能力をみずから発掘するかもしれない。ただし、それには、新入生を上達させることだけを念ずる純粋な心をもって当らなければならない。多少でも新入生をいじめてやろうとか、自分より上手になるのが面白くないとかいうような不純な心があれば、「自分だってできもしないことを、無理にこちらにおしつける」という反応が新入生におこるだろう。また、教わる側の新入生が、自分に対する上級生の純粋な心を理解せず、きびしく教えられるのを、いじめられると曲解して上級生に対するならば、天賦の能力に恵まれていたとしても、それを発揮する機会を失って、宝の持ちぐされに終ってしまうだろう。教えること、教わることには、きびしさはつきものなのだ。

潔白・純情が人間の欠点となることがある

「身を持するに、はなはだしくは皎潔《こうけつ》なるべからず。一切の汚辱垢穢《おじょくこうあい》も、茹納《じょのう》し得ることを要す。人に与《くみ》するに、はなはだしくは分明なるべからず。一切の善悪賢愚も、包容し得ることを要す」前集185

身を持するには、あまりにも潔白であってはならない。一切の汚辱《はずかしめ》や垢穢《けがれ》をも腹中に呑《の》みこむ覚悟が必要である。また、人と交際するには、あまりに好き嫌いをはっきりしてはならない。善人も、悪人も、賢者も、愚者も、包容してしまうことが肝要である。

Aさんの娘は年頃である。ある日、その娘が勤務先から帰ってきて、満員電車のなかで痴漢にあった話をした。満員をいいことに、わざと体をよせてきて手を握ったとか、お尻をなぜたとか話すのを聞くと、Aさんは、いきなり大声で、「くだらない話はやめなさい」と叫んだ。

Bさんは町内会の会合に出席しない。以前に何回か出席したことがあるのだが、そのたびに、愚にもつかない無駄話の仲間にいれられたり、自分の利益だけを頑強に主張する人の話に閉口したり、町会の役員の権柄《けんぺい》ずくなものの言いかたに、腹を立てたりするばかりだったので、それからは出席しないことにしたのである。

Cさんは O市の市議会議員で、市民に信望があった。O市にはまだゴミの焼却場がなく、ゴミ処理に困っていたので、市議会では焼却場の建設を決議し、Cさんをその仕事の責任者にしようとした。Cさんもはじめは引き受けるつもりでいた。ところが、利権欲の強い議員がいて、この仕事の責任者になれば次期の市議選に有利だと計算し、Cさんを押しのけて自分が責任者になろうとした。そして、Cさんと建設業者の間にゆがんだ取引きがあるかのような黒いうわさを流した。Cさんはそれを聞くといっぺんにいや気がさし、責任者になることをことわった。こうして、Cさんを押しのけた議員が責任者となって焼却場を完成し、市民のCさんに対する信望は薄らいだ。

さて、Aさん、Bさん、Cさんの三人は、みな清潔な人だ。しかし、Aさんには子供の教育はできないし、Bさんには隣り近所のつきあいはできないし、Cさんには公人としての活動はできない。三人とも世間に処する点では落第だ。もちろん、身を持するには清潔でなければならないのだが、あまりに清潔すぎて、融通がきかないと、世間から葬られる結果になりかねない。

そうなっては、個人としては清潔であっても、世間に貢献することはできない。つまり、人として生きる責任をはたせないのだ。あるポストについて世の中のために活動すれば、汚辱《はずかしめ》もこうむれば、垢穢《けがれ》もかぶる。それを恐れていたのでは、何事もできない。だから、ときには一切の汚辱も垢穢も一身にひきうける覚悟が必要なのだ。ただし、自身はあくまでも清潔を堅持してである。「清濁あわせ呑む」のは、自分が清に立って人の清・濁をともに呑むから意義があるのだ。

また、人と交際するのに、好き嫌いをはっきりしすぎるのはよろしくない。自分は善・賢であろうとし、そうなるように努力しなければならないが、人との交際は、善人でも悪人でも、賢者でも愚者でも、一切を包みかかえて交際することが肝要である。

自分ひとりを高くすれば、人はそれを低くしようとする

「妍《けん》あれば必ず醜《しゅう》ありてこれが対をなす。われ妍に誇らざれば、誰かよくわれを醜とせん。潔あれば必ず汚《お》ありてこれが仇をなす。われ潔を好まざれば、誰かよくわれを汚《けが》さん」前集134

美しいものがあれば、必ず醜《みにく》いものがあって、その美・醜が対になっている。だから、もし、美と醜という相対的観念を超越して、自分が美しさを誇ろうと思わなければ、誰も自分を醜いとは思わないだろう。

清らかなものがあれば、必ず汚れたものがあって、その清・汚が対になっている。だから、もし、清と汚という相対的観念を超越して、自分が清らかさだけを好まな

ければ、誰も自分を汚せないだろう。

美と醜、清と汚、ここにはこの二つの相対的なものがあげられているが、いうまでもなく、相対的なものはこの二つにはかぎらない。善と悪、仁と不仁、貴と賤、富と貧、強と弱というように、世の中のことはすべて相対的であり、われわれは、まさに相対の世界に住んでいる。そして、相対的に価値を定め、その価値を追求しながら生きている。人間として存在することは、与えられた存在であり、絶対の存在ではないのだから、人は、そうする以外に生き方がないわけである。

ところで、相対的の価値を追求すれば、人と人との間に争いは絶えない。たとえば、強者が現われれば、弱者を制する動きがおこり、それに対して、弱者はより強なることを求めて、逆に強者を弱めようと動く。一方が善を主張してその善に誇れば、他方はそれを悪ときめつけて引きずりおろそうとする。このような状態をくりかえしてばかりいては、人はすべて、ただ争って滅亡するために生きることになる。

そこで、相対的観念を超越して、相対的価値の追求をやめ、絶対的見地に立つことによって、自他ともに争いなく生きようという考えが生まれる。

それが本章の考え方なのである。

絶対的見地に立てば、美もなければ醜もない。清もなければ汚もない。従って、自分の美に誇って人から醜だときめつけられることもなく、自分の清に執着して人から汚されることもない。すべての人がこのようであれば、まことに好都合であるが、はたして、人は絶対的見地に立てるものであろうか。この点には疑問の余地があるが、努力次第では、すくなくともそれに近い見地に立つことができるだろう。それはともかくとして、自分ひとりだけを高しとして、その高さを誇るような生き方は、断じてしたくないものである。

得意なことでもやりすぎない方が安全である

「爵位はよろしくはなはだ盛んなるべからず、はなはだ盛んなれば危し。能事はよろしくことごとく畢《お》ふべからず。ことごとく畢ふれば衰ふ。行誼《こうぎ》はよろしく過高なるべからず、過高なれば謗《ぼう》おこりて毀《き》きたる」前集137

地位は、あまり高くなりすぎない方がいい。あまり高くなりすぎると、危害が身に及んでくる。いくらでもこなしうる得意の事でも、十二分にしつくさない方がいい。十二分にしつくすと、衰えて下降線をたどる。おこないは、あまり高尚すぎない方がいい。あまり高尚すぎると、人からねたまれて誹謗のまとになる。

いくら美味で栄養のあるものでも、食べすぎれば健康を害してしまう。そこで、腹八分にして食べすぎないことが、つまり、控え目に食べることが、健康のもとであるという。控え目にしておけば安全であるのは、食事についてだけではない。地位でも、仕事でも、おこないでも、すべてそうである。

何事についても控え目にするというと、どうも消極的な生活態度のように受けとられるが、たんなる消極的な生活態度とはかなり違う。高い地位につけば、当然、その地位にふさわしい能力や識見が必要であるが、それを身につけることはむずかしいことだから高い地位を望まない、というのなら、まことに消極的な生活態度である。

それだけの能力や識見を身につけることには大いに努力し、それをわがものとした後に、あえて高い地位を望まないのが、地位について控え目にすることである。

それは、たんなる消極的な生活態度とは言えない。高い地位につけば、人から尊敬されることも多く、それだけに、ついうぬぼれて、知らず識《し》らずのうちに、徳性を養うことを忘れる危険があり、また、高い地位には、つきたい人が決してすくなくない。だからうっかりすると、それらの人々のねたみを買って、思わぬ危害をこうむらないともかぎらない。そうしてみると地位は、あまり高くなりすぎない方がいいと言うのである。

また、おこないが高尚であることは、無論、人として立派なことである。

はじめから高尚でありたいとも思わず、努力もしないのは、向上心に燃えて自分を充実しようとしない消極的な生活態度である。

高尚であることの大切さを知り、努力してそうなった後に、他の高尚な人に対して敬意をはらいながらも、低俗な人たちの間で、自分ひとり高尚であろうとしないのは、決して消極的な生活態度ではない。

ひとり高尚すぎると、ねたまれて仲間はずれにされ、なんのための高尚かわからなくなってしまう。これでは、自分のためにも、人のためにもならない。だから、おこないは、あまり高尚すぎない方がいいと言うのである。

何事についても控え目にするということは、決して消極的な生活態度ではなく、安全に自分を充実していくための知恵なのである。

我を張れば、自他を傷つけることが多い

「利欲はいまだことごとくは心を害せず、意見はすなわち心を害するの蟊賊《ぼうぞく》なり。声色はいまだ必ずしも道を障《ささ》へず、聡明はすなわち道を障ふるの藩屏《はんぺい》なり」前集34

利欲の念はよいものとは言えないが、必ずしも心を害するものではない。

それよりも、我見こそは、心を害するおそろしい害虫である。また、愛欲の念もよいものとは言えないが、必ずしも道にはいる障害とはならない。それよりも、なまはんかに聡明ぶることこそ、道にはいる大きな障害物である。

人は誰でも、自分のための利益を求めようとする。そうしなければ生きていけない面があるからである。だが、人がそれぞれ自分のための利益を求めることだけに重点をおけば、世の中は貪欲な人々のみの集会場となり、たがいに他を傷つけあう、醜《みにく》い闘争の場となってしまう。だから、利欲の念はよいものとは言えないわけだが、しかし、人はそれによって向上し、世の中を裨益する面もある。たとえば、貧乏生活からぬけだそうとして利益を求めて正当に努力し、その努力のおかげで勤労の尊さと喜びを体得することもあれば、また、その努力の過程で思わぬ発明をとげて、世の中に貢献することもありうる。

要するに、利欲の念は、人にとって捨て去ることのできないものであり、自分を傷つけたり世の中をも害するものともなるが、働かせ方によっては、自分を向上させ、世の中をも裨益するものともなりうるわけで、必ずしも人の心を害するばかりのものではない。

ところが、我見――普遍的に妥当する正当な見解ではなくて、自分だけのかたよった見解――は、それをどのように働かせても、自分をますますかたよった人物にするし、世の中の人心を惑わすことになる。だから、我見こそは、人の心を害するおそろしい害虫なのであり、いったんそれにとりつかれると、人はただ破滅の道をたどるしかない。

また、人は誰でも、愛欲の念をもっている。それがあるからこそ、子孫をのこすことができるわけである。ところで、それに溺れれば、人の一生は、めちゃめちゃになってしまうから、愛欲の念はよいものとは言えないわけだが、しかし、美しい恋愛の花を咲かせ、立派な家庭を形成するのもその働きであり、そうしたことによって人は自分を充実していくのであるから、それは、必ずしも道にはいる障害とはならない。ところが、なまはんかに聡明ぶると、物事の皮相を知ればすべて了解した気になり、真実をきわめることをしなくなってしまうので、これこそ、道にはいる大きな障害物である。虚心に自分を視つめて人間の分際を知ろうと心がけること、これが、その障害物を取り除く方途であろう。

落ち目になったときヤケになっては成功しない

「事窮《きわ》まり勢ちぢまるの人は、まさにその初心を原《たず》ぬべし、功成り行満つるの士は、その末路を観んことを要す」前集30

ある事を成しとげようとしたが、打つ手も打つ手も失敗して、どうにもならない境遇に追いこまれた人は、その事に着手した最初の心ぐみを考えなおしてみるがよい。そうすれば、どこでどうまちがったかがわかり、打開の道がひらけるだろう。また、功名を成しとげ、事業の上で立派な成果を結んだ人は、晩年の在りかたを考えて、しかるべき時期に勇退することが肝要である。そうすれば、終りを全うすることができるだろう。

『菜根譚』の別の章には、
「小処に滲漏《しんろう》せず、暗中に欺隠《ぎいん》せず、末路に怠荒せず。わづかに、これ、個の真正の英雄なり」――小さな事でも、手ぬかりのないように周到な用意をもってあたる。誰も見ていないところでも、ごまかしをせずに公明正大な態度を保つ。落ち目になった

失意の場合でも、すてばちにならずに再起をはかる。このようであってこそ、まことの人物といえる――前集114

とある。「末路に怠荒せず」の末路は、本章の「末路」とは意味を異にし、むしろ、「事窮《きわ》まり勢ちぢまる」と同義である。落ち目になった失意の場合には、人はすてばちになりがちであり、ともすれば、その悲苦をまぎらわすために逸楽にふけるなどして、身を滅ぼしてしまうこともすくなくない。失意の底から再起をはかるのは、決して容易なことではないが、その方法の一つとして、「初心を原《たず》」ねるということが考えられる。事に着手した最初の心ぐみを考えなおしてみれば、誤りの経過がわかる。誤りの経過がわかれば、やりなおしてみたいという闘志がわく。そうすれば、失意の悲苦は消える。そもそも、人生の諸事は、事、志とくいちがうのが、むしろ普通である。ある事に志して、それがいつも成功するのなら、人生には何の苦労もない。そういかないからこそ、人はいろいろに鍛錬され、失敗を成功に転ずる努力の過程に、人生の醍醐味を味わうのである。一度や二度の失敗で打ちのめされてしまうのでは、とても世に処することはできない。どうにもならない境遇に追いこまれないようにする工夫と努力は、もちろん必要であるが、不幸にしてその境遇に追いこまれたとしても、なお「初心を原」ねることによって、打開の道を見つけることができるであろう。

また、功なり名とげた場合には、いつまでもその栄誉に執着せずに、時期をみてすっぱりと勇退するのが賢明である。「功なり名とげて身しりぞくは人の道なり」とは、中国人が長い歴史の流れから悟った名言である。

反省は徳性を養い、人の悪をつくと逆に自分が傷つく

「己を反《かへりみ》るものは、事に触れてみな薬石となり、人を尤《とが》むるものは、念を動かせばすなはちこれ戈矛《かぼう》なり、一は以て衆善の路をひらき、一は以て諸悪の源をふかくす。相去ること霄壌《せいじょう》なり」前集146

常に反省する人にとっては、する事なす事がみな身を養う良薬となるが、常に他人の過失をとがめる人にとっては、心を動かすことがそのまま自分を傷つける兇器《きょうき》になる。前者は反省して徳性を養うのであるから、多くの善事をかさねる路を開き、後者は自分の過失まで人に負わせて、そのためにみずからの徳性をそこなってしまうから、多くの悪事をかさねる源を深くする。両者の間には、天と地ほどの大きな

ひらきがある。

AとBとが共同で事業をしたが失敗した。Aは失敗の原因をたずねて、自分の犯した過失に思いあたった。そして、そのことを素直に反省し、失敗の責任を感じた。Bは、自分も失敗の原因になる過失を犯しているにもかかわらず、それには触れずに、もっぱらAの過失をとがめ、失敗の責任をすべてAに負わせてしまった。そのため、Aは無能力者として人々から嘲笑され、Bは、そうしたAと共同で事業をした不運を同情された。

——この場合、いかにもAは損をし、Bは得をしたように見える。世間的には、まさにそうである。しかし、本当はそうではあるまい。事業の失敗を通じて学んだのはAであり、失敗の責任を負うことによって徳性をみがいたのもAである。

Bは反省したり過失を認めようとしないのだから、事業の失敗を経験しても、それは無意味な経験で、なんの学ぶところもない。また、失敗の責任をAに負わせることによって、無責任な心性を助長している。

もし、この二人が、それぞれ誰かと共同でつぎの事業をはじめることがあれば、Aはさきの失敗から学んだ点を生かして成功し、責任感にあふれた仕事をして信頼されるだろうし、Bはさきの過失をくりかえして失敗し、無責任な態度によって、信頼を失う結果になるだろう。

〔己を反《かえりみ》るものは、事に触れてみな薬石となり、人を尤《とが》むるものは、念を動かせばすなはちこれ戈矛《かぼう》なり〕とは、まさに至言である。

第三章　迷わずとるべき道とは

友情と忠告
偽善と裏切り
失敗と過失
本物と偽物

友情と忠告

人との関係で自分を充実するには

「市人に交《まじわ》るは、山翁《さんおう》を友とするにしかず。朱門に謁《えつ》するは、白屋《はくおく》に親しむにしかず。街談巷語《がいだんこうご》を聴くは、樵歌牧詠《しょうかぼくえい》を聞くにしかず。今人の失徳過挙を談ずるは、古人の嘉言懿行《かげんいこう》を述ぶるにしかず」前集155

都会の人と交際するよりは、山野を友として暮らしている老翁を友人とした方がいい。高貴な人にお目どおりするよりは、普通の人と親しくする方がいい。街巷のうわさ話を聞くよりは、きこりや牧童の歌を聞いた方がいい。いま生きている人の不徳や失策を話し合うよりは、昔のすぐれた人物の立派な言行について話し合う方がいい。

人は、自分を充実する線にそって生活してこそ、はじめて生きる張り合いをもつことができる。そして、その気になりさえすれば、自分を充実できる場面はいくらでもある。たとえば、他人との交渉もそれである。他人とかかわりあいながらすごす時間は、人の生活のなかでかなり長い。もし、その時間を漫然とすごしてしまえば、なかなか自分を充実することにはならないだろうが、なんらかの考えをもってすごせば、自分を充実する線を容易に見つけることができるだろう。

都会生活をすれば、どうしても都会人との交渉が多くなる。そこで、その交渉をとおして都会人をよく観察してみれば、いろいろの美点を見いだすこともできるだろうが、また消費生活にのみ重点をおく浮薄さや、とかく利欲にとらわれがちな欠点をも見いだすだろう。そこから、自分はそうなりたくないという反省がわき、山野を友としてのんびり暮らしている老翁と、友人になりたいという気持ちにもなるだろう。また、高貴な人のもとに出入して、自分もその同類であるような顔をしている人があるが、そういう人と交際してみて、実は利権あさりのために頭をさげに行っているのだとわかれば、自分はそんなあさましいことはしたくないと戒心して、たとえ相手が貧乏人であっても、赤裸々《せきらら》な気持ちで交際できる人と親しみたいと思うだろう。また、街巷《まち》のうわさ話を聞くのが好きで、つまらない情報にふりまわされて、右往左往している人と知り合いになれば、その浅薄さにあいそをつかすとともに、自分はもっと着実に生きたいと感じて、うわさ話などよりも、きこりや、牧童の質朴な歌を聞きたいと思うだろう。

また、現職の大臣や、大いに活動している実業家などの、醜い行状や失策などをならべたてて、得意になっている人を見れば、夫子《ふうし》自身はどうなのだという反撥《はんぱつ》がわいたり、他人のあらさがしばかりしていては、こちらの品性が低下するだけだと思ったりして、そんなことをするよりも、昔のすぐれた人の立派な言行について話し合って、自分の参考にしたいという気にもなるだろう。

とにかく、その気になりさえすれば、自分を充実する線は容易に見つけることができ、張り合いのある生活をおくりうるだろう。

益友と損友・そのつきあいかた

「むしろ小人の忌毀《きき》するところとなるも、小人の媚悦《びえつ》するところとなるなかれ。むしろ君子の責修するところとなるも、君子の包容するところとなるなかれ」前集189

つまらない人から嫌われたり、悪口を言われたりするのはかまわないが、尻尾をふってへつらわれるようなことがあってはならない。また、心ある人から叱正を受けるのはかまわないが、大目に見て赦《ゆる》してもらうようであってはならない。

人生に友人はつきものである。学生時代のクラス・メートもあれば、職場の友もあり、ふとした機会に結ばれる友人もある。それらの友人との交際を通じて、人は貴重なものを身につけたり、人生を豊富にすることもできるが、逆に、悪に走って身の破滅を招くこともある。そこで、友人の選択、交際の仕方などが重視されるわけであるが、この点については、幕末の志士、橋本左内が一つの卓見をのこしている。

それは、『啓発録』のなかの〈交友を択ぶ〉という項の文章である。『啓発録』は、橋本左内が十五歳のときに自省のために記したもので、五項目から成っており、その一項目が〈交友を択ぶ〉なのである。それには、およそ次のようなことが記してある。

——友人は自分と交際してくれる者なのだから、みな大切にしなければならないが、損友と益友とがあるので、選択して交際することが肝要だ。

損友とは、その人の性格として、はしゃいだり、小才のきいた言葉を吐いたり、軽薄であったりして、人の心にとりいろうとする傾向があり、こちらもつい心安くなりやすい人である。このような人は、いくら親しくしても、こちらの徳性を充たしてくれることはない。むしろ、こちらが、自分の体得した道によって、その人のもっている不正を矯《た》め直してやるべきなのだ。

益友とは、

剛正毅直《ごうせいきちょく》（気性がつよくまっすぐ）

温良篤実《とくじつ》（温和で誠実）

豪壮英果（男らしくてすぱっと決断する）

俊邁明亮《しゅんまいめいりょう》（才智すぐれて明朗）

闊達大度《かったつたいど》（度量がひろくておおらか）

という五つの徳性のうち、いくつかを身にそなえた人である。このような人との交際は、なにかと気骨が折れるが、このような人こそ、こちらの過誤を知らせてくれ、意見もしてくれるのであって、その意見をきいれることによってわが欠陥を補正することができるのだ。だから、益友はこちらから親交を求め、相談をもちかけて、常に兄弟のように交際すべきである。世の中に益友ほど有難く、また、得がたいものはないのだから、一人でもそういう人を見つけたら、なにはともあれ大切にすべきだ。

――

友人を損友と益友とにわけ、益友を特に尊重するが、損友を切りすてるわけではない。益友からは与えられ、損友には与えようというのだ。〝もちつもたれつ〟でともに向上しようという純粋な人情をふまえていて、「良友にあらざれば交ることなかれ」式の一方的な考え方ではない。

ところで、損友に対して、彼らと調子をあわせて軽薄につきあおうとせず、与える態度でのぞむならば、あるいは彼らの気に入らずに、嫌われて悪口をいわれるかもしれない。しかし、そうするのが本当の友情なのだ。だから、「むしろ小人の忌毀するところとなるも、小人の媚悦するところとなるなかれ」なのである。

また、せっかく益友と交際する機会に恵まれても、自省して彼らの徳性に学ぼうとせず、無為にすごしてしまうならば、きびしく叱正するほどの価値のない人間と見なされて、ただ憐れみの情をかけられるだけでおわるだろう。これでは、益友を求める意味がなくなってしまう。だから、「むしろ君子の責修するところとなるも、君子の包容するところとなるなかれ」なのである。

親切が仇になったり、薄情が親切になったり

「千金も一時の歓を結びがたく、一飯もついに終身の感をいたす。けだし、愛重ければ反つて仇となり、薄《はく》きわまりてかえつて喜をなすなり」前集115

人に大金を与えても、その当座でさえ喜ばれないこともあり、たった一度の食事をふるまっただけでも、一生涯、感謝されることもある。思うに、愛情も度をすごすと、相手を甘やかしてしまって、かえってあだになることがあり、きわめて薄い愛情でも、相手にとって必要なときには、喜ばれることもあるのである。

ある手紙を読んでもらおう。

――先日は突然参上いたしましたにもかかわらず、快く迎えていただき、本当に有難うございました。今度という今度は、わたくしもどうやら目が覚めましたようで、これからはまともに生きようと決心しております。

競馬に夢中になっておりましたころは、不心得にも、あなたほど薄情な人はないと思っておりました。多少の財産があるのをいいことにして、友人にさそわれるままに、

競馬場がよいをはじめたわたくしは、あなたが「競馬をやめて家業にはげめ」と忠告してくださったのを無視しただけでなく、次第に多額の賭《かけ》をするようになり、しばらくの間に財産をなくしてしまいました。それでもまだ、わたくしの狂った競馬熱はさめず、一度当たりさえすれば取り返せるのだからと、安易に考えまして、先年、あつかましくも借金に参上いたしました。あのとき、あなたは「生業のための資金なら貸さないこともないが、競馬のための金など貸すものか」と激怒されました。ところが、他の先輩のなかに、わたくしの亡父の援助で事業に成功した人がおりまして、文句も言わずにかなり多額の金を貸してくれたのです。さて、それからは、愚かにもあなたを怨んでおうかがいもせず、もっぱらその先輩を訪ねては、良心の呵責《かしゃく》を感ずるどころか、特別有難いとも思わずに、借金をかさねてきたのですが、最近になって、門前ばらいを喰わされてしまいました。幸いにも、そのすこし前から、「こんな生活をしていたのでは破滅するだけだ」という反省の念が湧いてきていたところでしたので、それを機会に、やっと競馬をやめる決心がつきました。

しかし、今後のことを考えますと、ただ途方にくれるばかりでした。そのような状況のなかで、どなたか相談相手になっていただける方はないものかと考えましたところ、あなたのほかに思いうかびませんので、お叱りを覚悟して参上いたした次第です。

ところが、お叱りどころか、ご懇切なお教諭《さとし》をいただきました上に、夕飯までもお恵みいただき、ただただ、感謝のほかはございませんでした。これからは必ず生まれかわりまして、ご恩の万分の一にも報いさせていただきたいと存じます。今後とも、なにとぞご叱正のほどお願い申しあげます。

忠告のないところに進歩はない

「耳中常に耳に逆ふの言を聞き、心中常に心に払《もと》るの事あれば、わづかにこれ徳に進み行を修むるの砥石《しせき》なり、もし言々耳を悦ばし、事々心に快ければ、すなわち、この生を把りて鴆毒《ちんどく》の中に埋在せん」前集5

いつも、聞きづらい忠告を耳にし、また、いつも、思うようにならないことがあれば、それこそ、人にとって、徳を身につけ、おこないを修める砥石《といし》のようなもので、知らず識らずのうちに、修養をつむことになる。もし、自分に対する人の言葉が、すべて耳を喜ばせるうれしがらせであり、当面する事が、すべて心にかなうならば、生涯を鴆毒《ちんどく》のなかに埋《う》めこんでしまうようなもので、大変な不幸である。

会社員が数人でテーブルをかこみ、社内のあれこれについて語りあっている光景は、喫茶店などでよく見かける。「今期のノルマはきつい」とか、「同業の某社の方がわが社より給料がいい」とか、「庶務課の○○は美人だ」とか、話題はいろいろであるが、上役などに対する批評もすくなくない。

会社員の雑談のなかで、部長や課長がさかなにされるのは当然だろうが、ときには社長の息子がやりだまにあがる。中小企業の場合には、社長の息子が父親の後継者として、同じ会社の相当なポストについていることがよくあり、社員にとっては注目せざるをえない存在だからだろう。

「あの息子ときたら、まったく手のつけようがないよ。おやじが社長だからこそ、あいつがへまをやっても誰も文句をいわないんだ、ということさえわからないんだから」

「そうだよな、仕事はまるでできないくせに、よく大きな顔をしていられるよ」

「だけど、××さんはえらいよ。あんな奴に『はい、はい』って頭をさげているんだから」

「えらいもんか。ああしていれば、あの馬鹿息子にバーに連れていってもらえるから、それを計算してやってるのさ」

「でも、次代の社長だろ、きちんとしろと誰か忠告してやればいいのになあ」

「忠告したって聞くものか。いやな奴だと思われて、あげくは社長に睨《にら》まれるのがおちさ」

ざっと、こんな調子の会話がつづくわけだが、これを聞いていると、つくづく、このような社長の息子は気の毒だと思う。

なまじ社長の息子に生まれたばかりに、社内で「耳に逆ふの言」——忠告を聞くこともなく、きびしい訓練をうけて、つらくて思い惑うこと——「心に払るの事」もなく、一日一日を、のほほんとすごしてしまう。そして、たまたま親しく近づいてくる者があっても、「耳を悦ばす」へつらいしか言わない。これでは、人間としての向上の道を閉ざされてしまうのだ。

その点、なんのバックもない庶民として生まれ、庶民として生きる者は幸福だ。上役からも同僚からも、公私ともに忠告をうけ、叱責されて、日常生活を修業の場とすることができるのだから。そんな有難い境遇にいながら、その有難さに気がつかず、収入がすくないとか、余暇がないとか嘆いてみたり、いたずらに他人を羨んだり、ひがんでばかりいたのでは、ばちがあたることだろう。

道義を売り物にする人の腹の中は見えにくい

「利を好む者は道義の外に逸出し、その害顕《あらわ》れて浅し。名を好む者は道義の中に竄《ざん》入《にゅう》し、その害隠れて深し」前集190

利益を好んでそれを求める者は、はじめから道義を無視して不義理をはたらくから、その流す害毒は明らかにわかって浅い。ところが、名誉を好んでそれを求める者は、道義をかくれみのにしてひそかに不義理をはたらくから、その流す害毒はかくれていて、かえって深い。

P市の市長選挙が迫ったころ、同じ市民で仲よしのX君とY君は、候補者について語りあった。

「立候補したのは、やはり三人だったね」

「そう。A氏、B氏、それにC氏だ」

「前市長は立派な人で、市政を明朗にして勇退したのだから、その後をついで、より一層、市政を推進してくれる人がいいね」

「すると、C氏は落第だね。定見も抱負もなさそうだし、為政者としての手腕も期待できそうもないから」

「街の下馬評もそんなところだ。立会演説を聞いても魅力が全然なかったらしい」

「では、まず、A氏とB氏の競争か。A氏は実業家の出身、B氏は教育畑を歩いてきた人、ちょっと面白い取組だ」

「ぼくはA氏を高くは評価しないよ。たしかに手腕家だが、あまりにも利益を追求しすぎるもの。市政をまかせたら、彼自身の利益になるようなことばかりに力をいれて、われわれ市民のためになることをやってくれるか疑問だものなあ」

「わたしは一概にそうは思わない。なるほど、A氏は、人類の幸福、社会への貢献を第一義にするタイプの実業家ではない。たしかに利益追求を旨として、営利事業をやってきた手腕家だ。営利事業者だけに、彼の念頭には初めから道義などはなく、平気で不義理なことをした。だから、彼の流した害毒は、誰でも明らかに見てとれたのだ。意図の善悪は別として、その意図をかくそうとしない点では、彼はきわめて正直だともいえるわけだ。市政をまかせるからには、当然、私利に走ることを許してはならない。そのためには、彼に公人としての自覚をもってもらうための、われわれ市民の彼に対する努力が必要だが、彼の正直さを計算に入れると、これはそう難しい問題ではないようだ」

「そうかなあ。まあA氏については、後でまたよく考えてみるが、ぼくにはB氏の方が適任だと思われる。なにしろ、B氏は市の教育施設を充実してきた功労者で、人格者としての名声は、市内だけではなく県でも聞こえているからなあ」

「さあ、どうかな。その名声だがね、B氏の名声は、周囲から自然にあがったというよりは、彼の方から求めた形迹があるようだ。つまり、B氏の人格者としての態度には、かなりのポーズが含まれているようだ。そうだとすると、B氏は、教育者や宗教家などに往々にしてあるような人格者に見えるが実は名声を求める者になる。名声を求める者は道義を隠れ蓑にして不義理をはたらくから、その流す害毒はなかなかわからない。あからさまに利益追求をする者よりも、よほど始末が悪い存在だ。もし、B氏にそうした一面があるとすると、彼に市政をまかせるのは危険だということになるのではないだろうか」

「うーむ、なるほど。ぼくはそこまでは考えなかった。A氏がいいかB氏がいいか、これは、われわれ市民にとっては大問題だ。あらためて虚心に考えてみよう」

悪口よりもへつらいに注意

「讒夫《ざんぷ》・毀士《きし》は、寸雲の日を蔽《おお》ふがごとく、久しからずしておのづから明らかなり。媚子《びし》・阿人《あじん》は、隙風《げきふう》の肌を侵すに似て、その損を覚えず」前集192

讒言《ざんげん》をしたり悪口を言ったりする連中は、小さな雲が太陽をおおいかくすようなもので、そう日数のかからないうちに、事実は自然と明らかになる。ところが、媚びへつらう連中は、すきま風が肌をいためるのに似ていて、気がつかないうちにこちらの徳性を害してしまう。

他人を傷つけようという意図のもとに、事実をゆがめたり、いつわったりして悪口を言う、そのような人は、確かに厄介な存在である。たとえば、悪臣がまことしやかに流した讒言を主君が信じたために、涙を呑んで失脚した忠臣もあり、また、隣家の虫のいい要求をことわったために、ありもしない悪口を言いたてられて、村八分にされた農民もある。だから、悪口を言いふらす人に対しては、用心はしなくてはならない。

しかし、悪口は、そう長くは影響力を保ちえない。讒言が讒言だとバレて、主君に陳謝されて復帰した忠臣もあり、悪口が事実無根とわかって、村八分を解かれたばかりでなく、同情の的となった農民もある。要するに、中傷は小さな雲が太陽の光を一時さえぎりかくすようなもので、やがて事実は事実として明らかになる。悪口が言われた場合、それを聞いた人が悪口されている人を冷静に視つめれば、事態はおのずから判明し、悪口の影響力は消えてしまうのだ。

悪口される人は困った立場におかれるわけだが、自分の徳性が本質的にそこなわれるわけではないので、落着いて事実が明らかになるのを待てばよいのであり、そうすることによって、さらに徳性をみがくこともできるのである。

悪口を言いふらす人よりも、ずっと厄介なのは、媚びへつらう人である。そのような人を近づけると、常におだてられていい気になり、無意識のうちに心のたがをゆるめないとも限らない。そうなれば、自分の短所も美化して向上心を失い、自分で自分の徳性をそこなう結果になる。

しかも、それが、戸の隙間からそっとはいりこむ風が、いつの間にか室内を寒冷にし、なかの人の肌膚《はだ》を痛めて風邪をひかすように、知らず識らずのうちにおこなわれるから、まことに厄介なのである。

欺きと侮辱に耐えれば信用は確固となる

「人の詐《いつわり》を覚《さと》るも、言にあらはさず。人の侮《あなどり》を受くるも、色に動かさず。この中に無窮の意味あり。また、無窮の受用あり」前集126

人が自分を欺いていると気づいても、知らないふりをして言葉にださない。また、人から侮辱をうけても怒りの色を顔にださない。

これは、なかなかむずかしいことであるが、こうした態度をとりうる人には、言うに言われぬ奥ゆかしさがあり、また、きわまりない効用を展開しうる心の余裕がある。

人から欺かれたり、侮辱をうけたりするのは、決して愉快なことではない。欺かれたとわかったときには、口惜しさがこみあげてきて、「あいつには警戒しろ」などと吹聴したくなるし、面とむかって侮辱されれば、前後を忘れてカッとなるだろう。

欺かれた場合に、欺かれた自分が馬鹿だったと平然としていたり、欺いた相手に恥をかかすのは気の毒だと思って黙って見すごしてやるのは、なかなかできることではない。

また、侮辱をうけた場合に、侮辱されるだけの欠陥が自分にあると即座に反省したり、「彼はなんにもわからずに自分を侮辱しているのだ。まあ、まちがいは誰でもするのだから、とりたてて怒ることもない」とばかりに、顔色もかえずにすますのは、これまた、なかなかむずかしいことだ。

もし、平気でそのような態度をとりうる人がいれば、その人の人間としての大きさは、やがて周囲の人々に理解され、信望をあつめるようになるだろう。

ある大学の教授から、つぎのような話を聞いたことがある。

「もう、かなり以前の話だが、貧乏なわたしに金を借りにきた学生がいてね、しきりに窮状をうったえるんだ。聞いているうちに何とも気の毒になって、つい貸してやった。ところが、後で考えてみると、どうもおかしいんだ。服装だって、わたしより余程パリッとしているし、そんなに困っているとは思われないふしがある。だけど、知らん顔をしていたら、また借りにきた。今度は、話を聞いているうちに、ああ、わたしを騙《だま》そうとしているな、とはっきりわかった。だが、その学生には何となく愛すべき点があるように思えたし、どこまで騙すつもりか試してやれという気もあったので、言われた金額を黙って貸してやったんだ。それからは、もう借りにこなかった。

その後、教室で二、三回見かけたようだったが、返しにくる様子もなく、わたしもすっかり忘れてしまっていた。

それがだ、つい最近のことだが、その学生が学校にたずねてきた。立派な会社員になってね。そして、『あのときは本当に申し訳のないことをいたしました。実は、遊ぶ金がほしくて先生を騙したのです。先生なら騙せそうに思ったからです。でも、先生が二回もお金を渡して下さったとき、悪いことをしたとしみじみ思いました。ですから、それからは遊びをやめて、どうにか卒業することができました。もっと早くお詫びにあがらなければならなかったのですが、つい、取りまぎれて本日になってしまいました。ただいまはこの会社におります』と言って、むかしの借金を返していったよ。学生って、やはりいいもんだね。それを常に相手にしているんだから、教師とは幸福な存在さ」

一方のいうことだけを聞いてダマされないように

「偏信して奸《かん》の欺くところとなることなかれ。自任して気の使ふところとなること

なかれ。己《おのれ》の長を以て人の短を形《あらわ》すことなかれ。己の拙によって人の能を忌《い》むことなかれ」前集120

一方の言うことだけを信用して、よこしまな人にだまされるようなことがあってはならない。自分の力を過信して、いい気になって、できもしないことまで引き受けるようなことがあってはならない。自分の長所を示すことによって、他人の短所を明らかにするようなことがあってはならない。自分が無能だからといって、他人の有能をきらうようなことがあってはならない。

「群盲、象を評す」という言葉がある。象が大きな動物であることは、一匹の象の全容を見て、はじめてよく知りうることであるが、盲人は象を見ることができない。そこで、多くの盲人が象をなでると、それぞれ自分の手で触れた部分だけで、象とはこういうものだと評するようになる。それらの評は、すべて、一部分だけを論じているわけで、象全部を論じたことにはならず、象が大きな動物であることを正確に表現することはできない。

物事を判断する場合には、それを全面的に観察検討してから判断するようにしないと、部分的な知識にとらわれて、「群盲、象を評す」るような過失をおかしてしまい、取り返しのつかない状態に追いこまれることもある。

人の話を聞く場合などは、その適例であろう。たとえば、AがBの悪事について語ったとする。それを聞いて、すぐにBを悪人と思いこんだところが、実は、Bは善人であり、Aこそが、よこしまな人物で、いつもBからたしなめられるのを怨んで、ないことをあるように揑《でっ》ちあげて、悪口を言っていたのを信用してしまったのだというようなことは、決して珍しいことではない。

また、ある人の善行を聞いて、そのまま信用して、その人と親密になったところが、実は、その人は腹黒い人物で、相当な地位にある者を利用して、自分を売りこむために、いつわりの善行をかさねていたのに、その手にのせられたのだということも、決して珍しいことではない。

このように、一方の言うことを信用して騙《だま》されてしまっては大変なことになる。別の章には、また、

「悪を聞くも、すなわち悪《にく》むべからず、恐らくは讒夫《ざんぷ》の怒を洩《も》らすことをなさん。善を聞くも、急に親むべからず、恐らくは奸人《かんじん》の身を進むることを引かん」前集205

とある。人は、ともすると、最初に聞いたことを信用しがちであり、また、自分に

他人を欺く気のない人は、他人も自分を欺いたりはしないだろうと思いがちであるが、以上の点は人とつきあい、信用するうえでとくと注意すべきであろう。

失敗と過失

人の過失や秘密や悪事にはふれないでおこう

「人の小過を責めず、人の陰私《いんし》を発《あば》かず、人の旧悪を念《おも》はず。三者は以て徳を養ふべく、また、以て害に遠ざかるべし」前集105

他人のおかした小さな過失を責めたてず、他人の秘密にしていることをあばきたてず、他人が過去におこなった悪事は早く忘れて、いつまでも覚えていないようにする。この三点を実行していけば、自分の徳を養うことができるし、他人に憎まれたり、逆恨みをうけることもなくなる。

人は誰でも、ときには過失をおかすし、他人に知られたくない秘密をもつことがあるし、つい悪事をおこなってしまうこともある。

また、誰もが、他人に対して優越感をもちたいという気持ちもある。この二つが合わさると、つい他人の小さな過失をも責めたてて、いい気になってみたり、他人の昔の悪事を執拗に覚えていて、「彼は今でこそすました顔をしているが、昔はあんな悪事をはたらいていたのだ」と、いつまでも軽蔑の目をもってその人に対したりする。他人に対して優越感をもちたいと思うこと自体が問題であるが、まして、他人の過失や悪事につけこんで、優越感を満足させようとするのは、まことに情ないことであり、卑怯でもある。そのようなことをしていれば、いつかは怨みを買うのも当然だろう。

また、他人の過失を責めたり、秘密をあばいたり、悪事をいつまでも覚えていたりはしないが、それは自分にも過失や、秘密や、悪事があり、それを他人に取りあげられるのが恐ろしいから、自分も取りあげないのだとすれば、これも問題である。

これでは、他人の過失や悪事を、自分のそれをかばう口実として利用することになり〝寛恕《かんじょ》の心から他人の過失や悪事を責めない〟という本来の精神からはずれてしまい、自分の徳を養うことにならないばかりでなく、逆に徳を失ってしまう。

他の章に、

「人の過誤はよろしく恕《じょ》すべし、しかれども、己にありては恕すべからず——他人のあやまちは許すのがよい。しかし、自分のあやまちは決して許してはならない」前集165

とあるが、まことにそのとおりである。自分が過失や悪事をおかした場合には、断じて自分自身を甘やかさずに、きびしく反省して二度とそれをおかさぬようにし、人に知られて都合の悪い秘密はもたないように常に心がけ、そのうえで、人の過失を責めず、秘密をあばかず、悪事をいつまでも覚えていないようにするのが本筋である。そうすれば、自分の徳を養うことになり、他人に憎まれて危害をうけることもなくなるだろう。

小さな失敗でも一生を台なしにすることがある

「一念にして鬼神の禁を犯し、一言にして天地の和を傷《やぶ》り、一事にして子孫の禍を醸《かも》すものあり。もつともよろしく切に戒むべし」前集151

ふと邪念にとらわれたために、神のいましめを犯すことがあり、ほんの一言よけいな事を口にしたために世の中の平和をやぶることがあり、とるにも足らぬ一事をおこなったために、子孫にまで及ぶ禍をつくりだすことがある。だから、一念、一言、一事であっても、くれぐれも慎しんで、決してゆるがせにしてはならない。

言動は、当然、慎重にしなければならない。神のいましめを犯したり、世の中の平和をやぶったり、子孫にまで及ぶ禍をつくったりとまではいかなくても、軽はずみな言動から、周囲の人々との間に無用の摩擦をおこし、自分自身を苦しいはめにおとすことはよくある。

たとえば、才能のある人がうっかり才能を誇示したために、人々からそねまれて、受けなくてもいい攻撃を受けたり、清潔な節操をもつ人が、不用意に世俗の汚濁を批判したために、人々から仲間はずれにされて苦しむことも珍しくはない。そこで、別の章には、

「巧を拙に蔵し、晦《かい》を用ひて明かにし、清を濁に寓し、屈を以て伸をなす。真に世を渉《わた》るの一壷《いっこ》にして、身を蔵するの三窟《さんくつ》なり」――才能があっても不才をよそおい、人にその才能を気づかれないようにして、しかも万事を明察する。また、清潔な節操をもっていても、汚濁の俗世のなかに身をひそめて、じっと我慢して、思いきり伸びて活躍する機会を待つ。このように身を持することが、世の中という流れを渡る貴重な浮き袋であり、俗世から身をかくす安全な穴ぐらである――前集116

とあるが、本章と合わせて考えてみると、なかなか深い味わいがあろう。

人と共同するときの心がまえ

「まさに人と過を同じくすべきも、まさに人と功を同じくすべからず。功を同じくすれば相忌《い》む。人と患難を共にすべきも、人と安楽を共にすべからず。安楽なれば相仇《あだ》す」前集141

失敗した場合には、その失敗の責任を人と分担してもいいが、成功した場合には、その成功の功績を、人と共有すべきではない。功績を共有しようとすれば、仲間割れになる。また、患難を乗りきろうとして、人と協力するのはいいが、乗りきって安楽を共にしようとすれば排斥しあうようになる。

人と協力して事をおこなう場合には、成功したら、その功績はすべて協力者にゆずり、失敗したら、その責任はすべて自分が負うという大きな気持ちをもて。——これが本章の一つの主張であろう。

失敗した場合、それが自分の過誤によるのであれば、無論、失敗の責任はすべて自分が負うべきである。

ところが、協力者の過誤によるのであっても、その協力者を択んだのは自分であるから、やはり自分にも責任はある。だから、失敗の責任を協力者と分担してもいいということになる。

もし、協力者が過誤をおかしているのに、失敗の責任はないと言いはるなら、そんなわからずやを協力者に択んだ不明を恥じて、失敗の全責任を負うべきであろう。

成功した場合、それが協力者の能力によるのであれば、無論、成功の功績はすべて協力者にある。

ところが、自分の能力によるのであっても、協力者にしてみれば、やはり功績はほしいだろう。だから、成功の功績を協力者と共有してもいいようなものだが、悲しいことには人の欲望には限りがないので、そのうちに協力者が功績のすべてをほしがるかもしれない。そうなると自分の存在が邪魔になり、仲間割れにも発展しかねない。

従って、そんな厄介なことになるよりは、功績のすべてを協力者にゆずってしまう方が気楽であろう。

成功したら、功績はすべて協力者にゆずる。失敗したら、責任はすべて自分が負う。この考え方は、あまりにもおひとよし的で、そんな考え方をしていたら、とても生きてはいけないと思う人があるかもしれない。

だが、はたしてそうだろうか。あまりにもぎすぎすしすぎる現代に生きるわれわれにとって、これは、再思三考すべき点ではなかろうか。

本章のもう一つの主張は、人間というものは、たがいに苦しい境遇にあるときには、その患難を乗りきろうとして比較的容易に協力できるが、さて安楽になってみると、たがいに我意をはり、仇敵関係にもなりかねないから用心せよ、ということであろう。

これは、他人と他人の間だけではなく、夫婦の間でもおこりうることである。

たとえば、貧乏な夫婦が、貧苦にうちかとうとして、はげましあい、いたわりあって生活する。そうしなければ、夫婦とも生きてはいけないからである。その努力がむくいられて裕福になる。ここまではよかったのだが、さて裕福になったとたんに、夫婦ともに自分の力でこうなれたのだと自負して、夫は酒に狂いはじめ、妻は衣裳道楽をはじめる。そして、たがいに相手の浪費を責める。喧嘩になる。離婚する。——こうした事例は、決してすくないとは言えないだろう。

もし、この夫婦が、一方だけでも、裕福になれたのは相手のおかげだと思っていたならば、家庭の空気はまったく違ったものになっていただろう。おひとよし的な考え方の効用がここにもある。

富と地位でおさえられたら道義と仁徳ではねかえせ

「かれ富なれば、われは仁、かれ爵なれば、われは義。君子もとより君相の牢籠《ろうろう》するところとならず。人定まれば天に勝ち、志一なれば気を動かす。君子また造物の陶鋳《とうちゅう》を受けず」前集42

相手が富に誇ってわたしを抑えつけようとするならば、わたしは仁徳をもって対抗する。相手が地位に誇ってわたしを抑えつけようとするならば、わたしは道義をもって対抗する。心ある人は、本来、仁義道徳によって身を処するから、富貴に誇る君主や宰相に籠絡されるようなことはない。また、人の心が定まってその一念をとおせば、天の力にも打ち勝って運命をきりひらくことができる。志が一つに集中して定まれば、気力もそれにつれて動く。だから、心ある人は、自分を創造してくれた造物主の鋳型にもはめられずに、意志の自由を堅持するのである。

他人が右をむけと言うから右をむく、他人が左をむけと言うから左をむく――これでは、自分が生きているとは言えまい。生きるからには、自分で考えて、納得のいくように生きたいものである。「自己ならざる自己を抱いて墓場へ行く」という言葉があるが、そのような人生は送りたくない。

人が富や地位を獲得するには、運もあるだろうが、やはり、その人の努力によるだろう。その限りでは、その人に敬意を表することは決しておかしなことではない。しかし、人の価値は、その人のもっている富や地位だけできまるものではない。いや、それより以上に、その人が人間としていかに充実しているかによってきまる。だから、心ある人は、相手が富に誇り、地位に誇ってこちらを押えつけようとすれば、たとえ、自分が貧賤《ひんせん》の境遇にあえいでいたとしても、身につけた仁義道徳をもって対抗し、相手の言いなりになろうとはしない。相手が大富豪であろうが、大臣であろうが、その言うところを虚心に聞いて、仁義道徳をもとにして判断し、みずからの意志によって従うべき点には従い、従うべきでない点には従わない。すなわち、彼らに籠絡されたりはしないのである。また、心ある人は、人間を相手として自分の意志を自由に保つだけにとどまらず、天を相手としても、その態度を変えようとはしない。

たとえば、思わぬ悲運のとりことなっても、打ちのめされて意気沮喪《そそう》することなく、悠々としてそれを甘受する場合もあり、敢然として不遇の打開にたちあがる場合もある。いずれにしても、悲運をくだした天に対して、意志の自由を堅持して生きつづけるのである。われわれもそうありたいものである。人生は一度しかない。一度しかないからこそ、自分の意志に従って納得のいくように生きたいのである。

本物の幸福と本物の知識

「一苦一楽あい磨練し、練極まりて福を成すものは、その福はじめて久し。一疑一信あい参勘し、勘極まりて知をなすものは、その知はじめて真なり」前集74

苦しんだり楽しんだりして修練し、その修練の成果として幸福になってこそ、その幸福は長久のものである。疑ったり信じたりして何回も何回も考えて照らしあわせ、その結果つかんだ知識こそ、本当の知識である。

裕福な家に育った人は、裕福であることをあたりまえのことと感じて、べつに幸福だとは思わない。貧困な家に育った人は、貧困の苦しみを感じるあまりに、裕福であれば幸福だと思う。いったい、裕福であることは幸福なのだろうか。裕福であること自体は、幸福でもなければ不幸でもない。裕福な家に育った人が、金品のありがたみを知らずに浪費し、貧困に落ちて苦しむとすれば、その人にとっては裕福は不幸の種であったわけであり、貧困な家に育った人が、貧困の苦しみから抜けだそうとして努力し、多少の余裕をえて生活を楽しむことができたとすれば、その人にとっては裕福は幸福になる。つまり、幸福とは人それぞれがつくりあげるものなのだ。

あるときは苦しみ、あるときは楽しむ生活の過程のなかで、苦しいときにも殺伐にならずに、楽しみ喜ぶ心を養い育て、楽しいときにも自堕落にならずに、ますます楽しみ喜ぶ心を高めていってこそ、人は幸福になりうるのであり、そのように修練をかさねて築きあげた幸福だけが本物であり、生涯ゆるがぬ幸福なのである。

知識もそうだ。書物に大書されていることだからまちがいないと思ったり、権威ある人の言うことだからと、そのまま信じたりしたのでは、本物の知識とはならない。自分で疑ってみたり、信じてみたりして、いろいろと照らしあわせて苦心した結果、これこそ本当だと思えるものが、真の知識なのだ。そのような知識を身につけていけば、世の中がいかに変転しようとも、心安らかに生きぬくことができるだろう。

奇人と変人とはこう違う

「よく俗を脱すれば、すなわちこれ奇なり。作意に奇を尚《たっと》ぶ者は、奇とならずして異となる。汚に合せざれば、すなわちこれ清なり。俗を絶ちて清を求むる者は、清とならずして激となる」前集166

名誉や利益にはしる世俗の風潮から脱けでてしまえば、それが奇人である。だが、わざわざ奇行をする者は、奇をてらう者であって、奇人ではなくて変人である。

また、世俗の汚れに染まらなければ、それが清潔な人である。世俗と絶縁して清潔を求める者は、清潔な人ではなくて過激な人である。

われわれは、どうしても人の世の中に生きなければならない。

人は完全ではないので、その不完全な人が集まって形成する人の世の中は、矛盾だらけであり、汚れに満ちている。そうした世の中で生きつづけるとき、人はどうなるのだろうか。

『菜根譚』の別の章には、

「世を渉《わた》ること浅ければ、点染《てんせん》もまた浅く、事を歴《ふ》ること深ければ、機械もまた深し」――世渡りの経験が浅くて、浮世の風にあたったことのすくない者は、世の中の汚れに染まることも、従って浅いが、世の中の経験を豊富に積んで、浮世の荒波にもまれぬかれた者は、どうしても、世の中のさまざまのからくりに通じてしまう――

前集2

とある。まさに、そのとおりである。天真爛漫で邪気のない若者も、浮世の風にあたっているうちに、いつしか世の中のからくりに習熟して、油断も隙もならないすれっからしになってしまうのである。

しかし、人は不完全ではあるが、また、悪そのものではない。だから、人の世の中には、良風もあれば、美俗もある。年令をかさねるにつれて、その良風美俗を身につけ、名利にはしる世俗の風潮から脱けでる人もいる。あるいは、邪気のない若者が、世の中の経験を積むうちに汚れに直面し、からくりにも通じはしたが、汚れにそまず、からくりも使わない人物に成長することもある。また、からくりを操って悪事をはたらいた人が、翻然《ほんぜん》と悔悟して立ち直ることもある。これらが奇人であり、清潔の人である。

ところが、実は名利を得たいのだが、うまく名利を得られない腹いせから、名利蔑視の挙にでたりするのは、奇をてらう者にすぎない。また、世の中は汚れと矛盾に満ちているから、これを離れなければ清潔を求められないとして、世を捨てるなら、それは真に清潔を求める人ではない。われわれは、どうしても人の世の中に生きなければならない。世の中とともに推移しつつ、いつまでも奇を求め、清潔を求めて生きたいものだ。

第四章　美しい人生を築くために

人徳と希望
品格と偉人
聡明と知恵
謙遜と陰徳
真心と誠実

人徳の中から生まれた幸福は永遠のものである

「富貴名誉の、道徳より来《きた》るものは、山林中の花のごとく、おのづからこれ舒徐繁《じょじょはん》衍《えん》す。功業より来るものは、盆檻《ぼんかん》中の花のごとく、すなはち遷徙《せんし》廃興あり。もし、権力を以《もっ》てうるものは、瓶鉢《びんはつ》中の花のごとく、その根値ゑざれば、その萎《しぼ》むこと立ちて待つべし」前集59

人徳を身につけることによって徳望が高まり、その結果として得た富貴名誉は、花にたとえれば、山野に自然に咲く花であり、大地にしっかり根を張っているので、おのずから枝葉が伸びて十分に繁茂する。事業の上で功績を立てて得た富貴名誉は、植木鉢や花壇のなかの花であり、根がないわけではないが人工が加わっているので、移しかえたり、植えられたり、抜き捨てられたりする。しかし、権力によって得た富貴名誉は、花瓶にさした花であり、枝葉ばかりで根が全くないので、あっという間に萎んでしまう。

人は誰でも、富貴になりたいと思い、また、名誉を得たいと望むだろう。富貴や名誉には、人の意欲をかきたて、向上心を刺戟《しげき》する面があり、その限りでは人にとって有意義なものといえる。

しかし、あまりにもそれに執着しすぎると、「一将功なりて万骨枯る――一人の将軍が栄達していくかげには、万にものぼる人たちが空しく骨と化して、その犠牲となる」（曹松《そうしょう》「己亥歳《きがいのとし》」）という言葉があるとおり、他人に大変な迷惑をかけることにもなりかねない。もし、そうなったのでは、せっかく富貴や名誉を得ても、それは人々の怨嗟《えんさ》のなかでたちまち色あせたものとなり、逆に一身の破滅をまねく要因に転化するだけだろう。そこで、同じ富貴名誉とはいうものの、それを徳望によってうるか、功業によってうるか、権力によってうるかが大問題になるわけである。

功業や権力によることはともかくとして、徳望によって富貴名誉をうることは、至難のことであろう。なぜならば、徳を身につけることと、富貴名誉とは直接に結びつかず、また、結びつけようとして徳を身につけるわけでもなく、さらに、大徳を身につけた結果、それが身外にあふれでて徳望となるに至ること自体が、人間にとって至難のことであるからである。

しかし、いくら至難のことであっても、富貴名誉は徳望によってうるのが正道である。自分自身を充実していくこと、すなわち、徳を身につけていくことこそが、最も望ましい人生であるはずであり、そうした人生をたどって富貴名誉を得られなかったとしても、なんの不満も残らないだろう。

心ある人は、こういう時に心を配る

「君子は患難《かんなん》に処して憂えず、宴遊に当りて惕慮《てきりょ》す。権豪に遇ひて懼《おそ》れず、惸独《けいどく》に対して心を驚かす」前集220

心ある人は、患難にあって苦しいときには、なんの心配もしないが、酒宴にのぞむなどの楽しいときにはかえって、おそれ慎しむ。また、権勢のある者に会ってもびくともしないが、身寄りのない哀れな者に対しては、同情して心を痛める。

患難にあって苦しいときには、それを乗りこえようとして努力することのすべてが身につき、自分を充実させることになる。しかし、世俗の人はこの道理に気づかず、ただ患難の苦しみから逃《のが》れようとする。すなわち、

「逆境の中にをれば、周身みな鍼砭《しんぺん》薬石にして、節を砥《と》ぎ行を礪《みが》きてしかも覚らず」――人が逆境にあるときには、身のまわりにおこることは、すべて鍼砭《はり》や薬であって、それで節操やおこないをみがくわけだが、当人はそのことに気がつかない――前集99

であるが、心ある人は、さすがにこの道理をわきまえている。だから、患難にあっても苦にしないのである。

楽しいときには、ともすると、その楽しみに耽《ふけ》って前後を忘れ、つい自分をだめにしてしまう結果になりかねない。ところが、世俗の人は、この道理に気づかず、酒宴の席などで平気でハメをはずしたりする。すなわち、

「順境の内におれば、満前ことごとく兵刃戈矛《へいじんかぼう》にして、膏《あぶら》を銷《とか》し骨を靡《くだ》きてしかも知らず」――人が順境にあるときには、眼前に展開することすべてが兵刃《かたな》や戈矛《ほこ》であって、それでわが身のあぶらをとかし、骨をくだくように、身心を傷つけているのであるが、当人はそのことに気がつかない――前集99

である。心ある人はこの道理もわきまえている。だから、楽しいときに、かえって、おそれ慎しむのである。

また、世俗の人は、権勢を偉大なものと思いこんでいる。だから、自分もいわゆる出世をしてそれを身につけようとし、権勢家におもねりへつらうようになる。ところが、心ある人は、真実をもって生きることに価値を認める。従って、権勢を偉大なものとも思わないし、権勢家におもねって栄達したところで、それが一時的の、はかないものでしかないことを知っている。だから、権勢家に会ってもびくともしないのである。そして、その同じ心情が、身寄りのない哀れな者にむかうと、天恵が薄いために、そのような境遇におちいらざるをえなかったことに対して、同情して心を痛めるのである。

美徳も過ぎれば

「憂勤はこれ美徳なり。はなはだ苦しめば、もって性に適《かな》ひ情を怡《よろこ》ばしむるなし。澹泊《たんぱく》はこれ高風なり、はなはだ枯るれば、もつて人を済《すく》い物を利するなし」前集29

苦心に苦心をかさねながら仕事にうちこむことは、人としての美徳である。しかし、あまりに苦心がすぎて、余裕がなくなると、本性を養い心情を喜ばせることができなくなって、かえって、人としておおらかな成長をとめてしまう。物事に執着せずに、さっぱりしているのは、人としての高尚な風格である。しかし、あまりにさっぱりしすぎて、無欲を通りこして冷淡になると、人と助けあって協調し、世を利することができなくなり、かえって、人としての存在意義を失ってしまう。

美徳や高風は、人にとって大切なものだが、それも度がすぎると、かえって人をそこなう。むずかしいものだ。

だが、それはそれとして、現代の日本の世相を見るに、美徳や高風はどこへ行ってしまったのか、という疑問がまず湧く。以前は、世のため、人のために活躍して、家・屋敷までなくしてしまった政治家の話をたびたび聞いたが、いまの政治家は、みな裕福そうに見える。損得をはなれて、よその庭木の手入れに明け暮れた植木屋、羽目板一枚にも精魂のこもる鉋《かんな》をかけて建築し、暴風雨のたびに自分の建てた家を見てまわった大工、安価なみやげ物でも、工夫に工夫をこらして彫り刻んだ細工師、これらの人たちは、いったい、どこへ行ってしまったのだろうか。

日本人はむかしから勤勉だ。その勤勉さは、いまでもあまり変わりはないようだが、どうもそれは利益だけを前提としているように見える。世の中がギスギスしているのも、そのせいだろう。これでいいのだろうか。

別の章には、

「倹は美徳なり、過ぐれば慳吝《けんりん》となり、鄙嗇《ひしょく》となり、反りて雅道を傷《やぶ》る。譲は懿行《いこう》なり、過ぐれば足恭《しゅきょう》となり、曲謹となり、多くは機心に出《い》づ」――倹約は美徳である。しかし、度をすごすと、もの惜しみをする卑しいけちになり、かえって、人としての正道をそこなってしまう。謙譲は美しい行為である。しかし、度をすごすと、馬鹿丁寧でコチコチになるが、たいていは、なにか下心があって、こうした態度をとるようだ――前集198

とある。これも本章と同じ発想の言葉であるが、現代の日本では、このまま通用しそうもない。いまの世の中では、謙譲の美徳は影をひそめてしまったし、倹約とケチとは必ずしも結びつかない。

そもそも、倹約とは物を大切にして粗末にしないことなのだが、さまざまの物品がつぎからつぎへと氾濫し、使い捨ての安価な商品が多く、過度の包装があたりまえになっている現況では、物を大切にすることは非常にむずかしい。なにか買物をすれば、まず包装紙を捨てねばならない。衣服や靴などにしても、修理するよりも、新品に買い換えた方が安い場合がすくなくないし、体裁もいい。日用品の大半は、修理しようにも修理してくれるところがない。これでは、世の中全体が無駄を奨励して、倹約を滅ぼしているようなものだ。これでいいのだろうか。

使いなれた古い物に愛着して、それを大切にする気持ちは愛情だ。

それは、人をいたわる気持ちに通ずる。もし、いたわりあい愛しあう気持ちがなくなったら、人の世はどうなるのだろうか。

与えても与えられるな

「人の恩を受けては深しと雖《いえど》も報ぜず、怨はすなはち浅きもまたこれを報ず。人の悪を聞きては隠と雖も疑はず、善はすなはち顕なるもまたこれを疑ふ。これ、刻の極、薄の尤《いう》なり。よろしく切にこれを戒むべし」前集191

「われ、人に功あらば、念《おも》ふべからず、過はすなはち念はざるべからず。人、われに恩あらば、忘るべからず、怨はすなはち忘れざるべからず」前集51

人から恩を受けた場合には、大恩であってもすぐ忘れてしまって、恩返ししようとは思わないくせに、遺恨を受けた場合には、ほんの小さな遺恨でも、いつまでも根にもって、必ず怨《うら》みをはらそうとする。人の悪事を耳にすると、まだ不確かなことであっても、信じて疑わないくせに、善事を耳にすると、まったく確かなことであっても、なお疑って信じようとしない。

もし、このような人物が自分の周囲にいたとしたら、人は、不人情きわまるやつとして嫌悪するだろう。だが、うっかりすると、自分もこれに近い心情になりかねない。負い目をもって人の下風に立つことは、誰にとってもあまり好ましいことではないからである。しかし、人がみな不人情きわまる人物、あるいはそれに近い人物であったとしたら、世の中はどうにも救いのない陰惨な様相を呈するだろう。

社会あっての自分、自分あっての社会である。人から恩恵や好意を受けたら、恩恵や好意を受けざるをえなかった立場にある自分を反省し、二度と恩恵を受けなくてもよい立場に立ちうるように努力するとともに、受けた恩恵はいつまでも忘れずに感謝の念をあたためる。

遺恨を受けたら、どうして受けたのかと自分にふりかえって糾明し、もし自分のおちどを認めたら、すぐに相手に謝るとともに、二度とそれをくりかえさないように留意し、また、その遺恨が相手の過誤によるものとわかったら、誰にでもありがちの過誤として、おおらかに恕《ゆる》して忘れてしまおう。

逆に、人に恩恵を施したら、恩恵を施しうる立場に立ちえたことを感謝し喜ぶとともに、人に施した恩恵はきれいに忘れて、まちがっても相手に恩を売りその報酬を期待するようなことのないようにする。

人はこのようであれば、自分の人生も世の中も明るくなり、その明るさによって、人は自分を充実しつづけることができると同時に、次第に充実する自分の力で、世の中をますます明るくすることができるだろう。

美しい徳のある人とはどういう人か

「清にしてよく容《い》るるあり。仁にしてよく断を善くす。明にして察を傷つけず。直にして矯に過ぎず。これを蜜餞《みつせん》甜《あま》からず、海味鹹《から》からずといふ。わづかにこれ懿徳《いとく》なり」前集83

清廉潔白であるが、度量がひろくてよく他人を包容する。人情深いが、いざという場合にはよく決断する。聡明で物事を見とおすが、苛酷にあばきたてない。正直であるが、ただこちこちではない。

こういう人物を、甘さのあくのない蜜餞（蜜で甘味をつけた飲食物）、塩からさのあくのない海産物というわけで、それでこそ、美しい徳をそなえた人物ということができる。

清廉潔白であること、人情深いこと、聡明であること、正直であること、これらはすべて、人にとって貴重な徳である。

しかし、それらを一面的にのみ身につけたのでは、逆に身をほろぼす悪徳になりかねない。清廉潔白な人は、自分が清潔であるために、ともすると他人の不潔を許すことができない。そして、その人と交際を絶つようにもなる。

このようなことがたびかさなれば、ついには、みずから孤立の境遇におちて、当然いとなむべき社会生活もいとなめなくなってしまう。だから、自分が清潔であるからといって、不潔な人はすべて許せぬと即断することなく、その人の、別の長所を認めて交際する度量のひろさが必要であろう。

人情の深い人は、ともすると情に流されがちである。たとえば、他人の悪事を知っても、そうせざるを得ない事情があるのだろうなどと同情して、叱責も忠告もせずにそのままにしてしまう。そのために、その人はますます悪事をかさねることにもなる。だから、温情をもって人に対するのは結構だが、情に流されることなく、ぴしりと決断することが必要であろう。

また、いくら聡明な人でも、聡明にまかせて他人の秘事をさぐったり、あらをあばきたてたりしたのでは、だれも信頼はしてくれまい。いくら正直な人でも、ただ杓子《しゃくし》定規《じょうぎ》で、物事の機微をまったくわかろうとしなければ、なんの役にも立たない人物になってしまうだろう。

要するに、人が身につけるべき徳には表裏があり、その表裏をあわせて身につけてこそ、徳は美徳としてあらわれるのである。

品格は金の力では高められない

「貧家も浄《きよ》く地を払ひ、貧女も浄く頭を梳《くしけず》れば、景色《けいしょく》は艶麗《えんれい》ならずといへども、気《き》度《ど》はおのづからこれ風雅《ふうが》なり。士君子、一たび窮愁寥落《きゅうしゅうりょうらく》に当るも、いかんぞ、すなはちみづから廃弛《はいし》せんや」前集84

貧乏人の住むあばらやでもきよらかに庭を掃除し、貧乏な女でも、きよらかに頭髪をとかしていれば、見たところ、あでやかで美しいとは言えないまでも、品格があって貧しいなりに風雅である。だから、心ある男たるもの、たとえ、困窮して失意の境遇におちいったとしても、そのまま自棄になって投げやりになったりしてよかろうか。

人生は決して平坦ではない。得意のときもあれば、失意のときもある。そして、失意のときにも、それはそれで生き方はある。失意の境遇におちいらざるを得なかった所以《ゆえん》を究明し、心静かに再起の日を待つのも一法であろうし、困窮のなかに思わぬ楽しみを発見し、悠然とそれに身をまかせるのも一法であろう。ただ、自棄《やけ》になって投げやりになることだけは、どうしても避けなければならない。

失意のときには、とかく冷静を欠きがちであり、とくに自分の落度によらないで困窮した場合などには、運命を呪い、他人を怨んで、つい自棄になりがちである。自棄になり、投げやりになれば、結局は自分で自分を傷つけるだけである。人生には必ず失意のときもあるが、しかし、決して失意のときばかりではない。どんな境遇におかれても、自棄にならずに大切に人生を送りたいものである。

それから、これは余談であるが、人の容姿についてふれてみよう。現代は男性も女性も、あまりにも外見を飾ることに、それもただ流行を追ってそうすることに重点をおいているのではなかろうか。

もっとも、いつの時代でも、人が外見を飾ったことは事実であり、そのために流行があったことも事実であろう。しかし、その反面、内心の美が容貌ににじみでて、それを美しいと認めたことも、いつの時代にもあったのではなかろうか。

貧しい女性でも、きちんと身づくろいをしていれば、貧しいなりに気品があって、風雅で美しいと認められるのは、その容姿をとおして端正なその人の心がうかがわれるからであろう。そういう意味で、もっと個性的な容姿の人がふえれば、現代は一段と明るく美しいものになるのではなかろうか。

突飛な行動や奇行はあきられるとバカにされる

「陰謀怪習、異行奇能は、ともにこれ世を渉《わた》るの禍胎《かたい》なり。ただ一個の庸徳庸行のみ、すなはち以て混沌を完《まった》くし、和平を召《まね》くべし」前集178

秘密裡《り》にめぐらす計略や、奇怪な習慣、人と異った行動や不可思議な芸当は、一時は人を驚かすことができるが、それがそもそもまちがいの本で、これらはすべて世の中を渡る上での禍の種である。ただ日常生活のなかで平凡な徳行を積みあげていくことだけが、人間本来の姿を全うし、世の中を無事に渡ることができる方途なのである。

世の中は、人が代々にわたってつくりあげてきたもので、そこには生活の知恵がこめられている。だから、徐々には動くが、余程のことがないかぎり、急激には動かない。そうした世の中で、「陰謀怪習、異行奇能」をおこなえば、一時的に人々を驚かすことはできるが、人々が驚いたといって得意になっているうちに、異質のものとしてほうむられ、人々から見むきもされないようになるだろう。

すなわち、それは、世の中を渡るうえでの禍の種なのである。

別の章には、

「奇に驚き異を喜ぶ者は遠大の識なく、苦節独行の者は恒久の操にあらず」――珍奇なことに驚嘆したり、異常なことを喜ぶ者は、遠大な見識をもってはいない。世の中の低俗さにあきたらず、ひとりで苦しんで節義を守り、超然としてわが道を行く者は、とても永続きはしない――前集118

とある。

珍奇や異常には価値を認めるが、平凡を嚙《か》みしめることを知らない者は、所詮は人生を遠く見とおす見識の持ち主ではない。

世の中は平凡であり、その世の中で尊重すべきことは、平凡な日常生活のなかにあるのである。平凡な世の中を低俗と見て、それと同列ではない自分の独自性を主張するのは、たんに珍奇や異常を尊重するのとはちがって、意義のないことではないが、そうした自負を内に保持しながら、日常生活のうえでの平凡な徳行を積みあげていく方が、その人のためにも、世の中のためにも、より有意義であろう。

清濁・善悪・明暗などは二つであると同時に一体である

「糞虫《ふんちゅう》は至穢《しあい》なるも、変じて蟬《せみ》となりて露を秋風に飲む。腐草《ふそう》は光なきも、化して螢《ほたる》となりて采《さい》を夏月に耀《かがや》かす。まことに知る、潔は常に汚より出《い》で、明は毎《つね》に晦《くわい》より生ずるを」前集24

塵《ちり》がつもってくさったなかに生ずるうじ虫は、きわめてきたないものであるが、それが変化すると蟬となり、秋風のそよぐなかで、天から降る露を飲んでは美しい声で鳴くのである。腐《くさ》った草には、もとより光はないが、それが変化すると螢となり、夏の夜に光を放って飛びまわるのである。してみれば、潔白は常に汚穢《おわい》から生まれ、光明は常に暗黒から生まれることがよくわかるのである。

中国の言い伝えのなかに、蛣蜣《くそむし》が化して蟬となるとあり、また、腐草が化して螢となるとある。本章はそれをふまえているわけである。

潔白は汚穢から生まれ、光明は暗黒から生まれる。しかし、同時に、汚穢は潔白から生まれ、暗黒は光明から生まれる。つまり、潔白と汚穢、光明と暗黒は、それぞれ対立する二物でありながら実は一物であり、一物でありながら実は対立する二物なのである。

それは、潔白と汚穢、光明と暗黒だけがそうなのではない。善と悪、貴と賤、大と小、安と危、成功と失敗などもそうであり、おしつめれば、世の中のすべての事物がそうである。

そこで、われわれは、それらを一物として認識するとともに、対立する二物としても認識しなければならない。たとえば、失敗してもいたずらに失望せずに、さらに工夫をかさねて努力し、ついに成功したとする。この場合、まさに失敗は成功の母であり、成功と失敗は一物である。しかし、失敗して絶望し、そのまま投げだしてしまえば、永久に成功することはない。この場合、成功と失敗は対立する二物となる。この両者をよく認識すれば、われわれは生きる上で限りない勇気をふるいたたせることができるだろう。古来、貧窮な境遇に押しひしがれて、無気力な人生を送った人々は、無数にあるだろうが、その貧窮な境遇から、また、多くの英傑が生まれていることも事実である。

聡明と知恵

能力は八分を出して、二分のゆとりをもて

「事々、個の有余不尽の意志を留《とど》むれば、すなはち、造物もわれを忌《い》むこと能《あた》はず、鬼神もわれを損すること能はず。もし、業は必ず満を求め、功は必ず盈《えい》を求むれば、内変を生ぜざれば、必ず外憂を召《まね》く」前集20

何事につけても、控え目にして余裕を残す心がけでいれば、造物主もこちらを嫌うことなく、鬼神もこちらに損害を与えることはできないだろう。

だが、もし、控え目にせずに、事業においても功績においても、十二分であることを求めるならば、内部から変事がおこるか、さもなければ、外からの憂いをまねくことになるだろう。

風船をふくらますとふくらむ。それは、風船には、もともとふくらむ能力があるからである。しかし、その風船を極限までふくらまそうとして過《あや》まると、風船はわれて

しまう。うまく極限までふくらますことができても、そのような風船はわれやすい。ちょっと針で突いただけでもすぐわれる。ところが、八分目ぐらいにふくらました風船は、なお弾力を余しており、自分からわれないばかりか、ちょっとぐらい針で突いてもわれない。

人の身の処し方も同様である。何事につけても控え目にしてゆとりを残すよう心がけていれば、天もその人を嫌って禍を加えることはできず、損害を与えることもできないだろう。しかし、もし、能力もあり、やればできる境遇にあるからといって、事業を手いっぱいにひろげ、どこまでも業績を求めつづけてやまないならば、ふくらましすぎた風船がわれてしまうように、事業の内部に変事がおこって業績もなにも消えてしまうか、さもなければ、針で突かれた風船がわれてしまうように、外部からの憂いを招くことになるだろう。貧困から身をおこした有能な人が、営々として会社を築きあげて、百人の社員を使うようになり、さらに規模を拡張して二百人の社員にした。ところが、もとからの社員と新しい社員とが反目しあって、そのために社業がふるわなくなったという話もあり、また世の中の好況に乗じて事業をおこし、資金のすべてを投人したところが、まもなく不況の波がおしよせて、転進する余裕もないままにつぶれてしまった人の話もある。

世の中は千変万化、人間の知恵などとるにたらない

「魚網の設くる、鴻《おおとり》すなはちその中に罹《かか》る。螳螂《とうろう》の貪《むさぼ》る、雀またその後に乗ず。機《き》裡《り》に機を蔵し、変外に変を生ず、智巧なんぞ恃《たの》むに足らんや」前集148

魚を捕えようとして網をおろしておくと、魚ではなくて大きな雁《がん》がかかることがある。また、かまきりが虫を食おうとしてねらっていると、そのかまきりを後方から雀がねらうこともある。このように、世の中のことは、からくりのなかに、さらにからくりがかくされており、異変の外に、また異変がおこってくる。千変万化、まことに極まりない状態であるので、人間の才智や技巧などは、なんの頼みにもなるものではない。

ある公認会計士がこんなことを語ってくれた。

「わたしは、会社員として人生のスタートをきり、経理の仕事をおぼえて、どうやら一人前に仕事ができるようになったころ、会社がつぶれてしまいました。それからというもの、どういうわけか、勤務する会社がつぎつぎとつぶれたのです。べつにつぶ

れそうな会社を択《えら》んで就職したわけではないし、社長はじめ社員たちが、無能力者であったわけでもなく、わたし自身も怠けたりせずに経理の仕事にはげんだのです。まあ、運が悪かったというほかはないようです。それで、五回目に勤務した会社がつぶれた後、習いおぼえた経理の仕事を生かして公認会計士になり、現在にいたっているわけですが、今度はどうやら、失職の心配はないようです。

ところで、つぎつぎと失職をかさねた経験から得たわたしの教訓は、人生には全く思いがけないことがおこるものであり、それは人の力では予測も予防もできないが、そうした事態のなかに巻きこまれても、分に応じた生きるための武器を身につけておけば、人はなんとか生きつづけることができるものだということです。わたしにとっては、経理の仕事が、不十分ながらその武器であったわけです」

〈機裡に機を蔵し、変外に変を生ず、智巧なんぞ恃むに足らんや〉とは、つつましく生きることを願うものにとっては、まさに心の底から発する嘆きである。しかし、いくら嘆いても、「機裡に機を蔵し、変外に変を生ず」る人の世の現実は変わらない。そうだとすれば、この公認会計士の言うように、分に応じた生きるための武器を身につける以外には、つつましく生きる道はない。そして、それは、身につけようとすれば、つけられないものではない。なぜなら天は必ず人になんらかの天賦の才能を与えているからである。

人に対する評価は慎重にしよう

「善人もいまだ急に親しむこと能《あた》はざれば、よろしく預《あらかじ》め揚ぐべからず、恐らくは讒譖《ざんしん》の奸《かん》をきたさん。悪人もいまだ軽々しく去ること能はざれば、よろしく先づ発すべからず、恐らくは媒蘖《ばいげつ》の禍を招かん」前集131

親しく交わりたいと思う善人をみつけても、まだ当分は交際するチャンスがないような場合には、前もってその人をほめるべきではない。うっかりほめると、あることないことをでっちあげて、その人の悪口を言いふらすよこしまな人物があらわれ、その人を傷つけ、交際もできなくされる恐れがある。交際をやめたいと思う悪人がいても、そう手軽に交際をやめることができない場合には、そのことを人に話すべきではない。もし、その悪人がそれを伝え聞けば、なにかの罪をしかけられて、被害をこうむる恐れがある。

隣り近所、職場、サークルなどに、強引に自己主張ばかりする人や、騙《だま》す目的でうそをつく人などがいると、厄介なことが起こりがちであるが、なかなか簡単に交際をやめるわけにいかない場合がある。これが盗癖のある人ならば、盗品をつきつけて受けた被害を明示し、たしなめることも交際をやめることも比較的容易であるが、強引な自己主張や、騙す目的でつかれるウソに対しては、明らかに被害を受けても、その証拠を示すことが困難であり、もっていきどころのない怒りをいだきながら、不愉快な日をすごすことにもなる。

そうした場合に、「かくかくしかじかなので、あの人とは交際したくないのだが……」などと第三者に話すと、その話がまわりまわって当の人物の耳にはいることもあり、そうなれば、一層ワナをしかけられて、ますます被害をこうむることも大いにありうる。

だから、不愉快であっても、それは誰にも話さない方がいい。そして、その人とは、できるだけ当らずさわらずにしていくのがいい。強引すぎる自己主張や、仕組まれたウソは、いつかは必ず割れるときがくる。そうなれば、受けた被害の証拠を示すことも可能であり、交際は自然に絶たれるようになるだろう。それまで我慢することは、いかにもなまぬるいようにみえるが、実は自分の鍛錬に役立っているのである。

以上のような経験、あるいは、それに近い経験をした人は、おそらく、すくなくはないだろう。実際生活の上で、よく起こることだからである。これとくらべると、前半の「善人もいまだ急に親しむこと能はざれば、よろしく預め揚ぐべからず、恐らくは讒譖の奸をきたさん」という言葉は、われわれにとって理解しがたい。現代生活はいそがしい生活であり、いそがしければ、いそがしいほど、自分の生活にとじこもりがちであり、形式的には交際のわくを広げることができても、遠大の視野に立って善人を発見し、その人と親交を結んで自分を高めようとする意欲を見失いがちだからである。

しかし、生きている以上は、そうした意欲は皆無ではないのであり、また、思いがけない機会から、待望の人を発見することもある。そのような場合には、この言葉は、われわれにとって有難い指針であるだろう。

人を傷つけないよう、人から傷つけられないよう気を配ろう

「人を害するの心はあるべからず、人を防ぐの心はなかるべからず。これ慮に疎《うと》きを戒むるなり、むしろ人の欺を受くるも、人の詐を逆《むか》ふることなかれ。これ察に傷《やぶ》るるを警《いまし》むるなり。二語並び存すれば、精明にして渾厚《こんこう》たり」前集129

「人に危害を加えようとする心はあってはならないが、人から加えられる危害を防ごうとする心はなくてはならない」とは、おひとよしで思慮の浅い人を戒しめた言葉である。「いっそ人から欺《あざむ》かれても、欺かれる前からそれを推測して、対策を立てるようなことをしてはならない」とは、あまりにも考えをめぐらしすぎて、かえって失敗する人を戒しめた言葉である。この二つの言葉をともに心にとどめて、うまく配合して事に対処するようにすれば、思慮は精密になり、重厚円満な徳を身につけることができるだろう。

人に対して危害を加えたり、欺いたりせず、人からも危害を加えられず、欺かれもしなげれば、人生はきわめて平穏だろう。

しかし、残念ながら、現実はそうはいかない。こちらから危害を加えなくても、危害を加えられ、欺かなくても、欺かれることは、決してすくなくないからである。

だから、自分が人に危害を加える心をもたないのだから、人もそうだろうと思うのはおひとよしであり、そのような人には、人から加えられる危害を防ぐ用心をしろという警告は有効である。また、頭の回転のはやい人は、欺かれもしないのに人から欺かれるのではないかと用心しすぎるきらいがある。その用心が度を過ぎると、常に疑惑の目をもって人に対するようになり、そうなっては、せっかくの聡明な頭脳も、自分の品性を傷つける方向にはたらくことになってしまう。だから、そのような人には、「あらかじめ推測して、欺かれまいと用心しすぎるな」という警告は有効である。

そして、普通の人は、この二つの警告を心にとどめておいて、時と場合によってうまくそのどちらかに従っていけば、人から危害をうけずに徳性を養いうるだろうというのは、まさに生活の知恵である。

ところで、一歩すすめて、「害」や「欺」を世の中からなくすことを考えてみると、自分が危害を加えられまい、欺かれまいと用心するよりも、人に対して危害を加えまい、欺くまいと決意することの方が大切であり、有効である。なぜならば、危害を加えられたり、欺かれたりするのは、人にとって受動的なことであり、危害を加えたり、欺いたりするのは、能動的なことだからである。

いくら危害を加えられまいと用心しても、加えるのは相手だから、加えられることもあるが、欺くまいと決意すれば、欺かないですむ。

もし世の中のすべての人がその決意をかためて実行すれば、「害」や「危」は世の中からなくなる。人間が人間であるかぎり、それは実現不可能な夢であろうが、すくなくとも、その決意をかためる人が増加すれば、それだけ世の中が明るくなり、住みよくなるのではなかろうか。

何事にも先頭に立たないのは賢明である

「十語の九あたるも、いまだ必ずしも奇と称せず、一語あたらざれば愆尤《けんゆう》ならび集まる。十謀の九成るも、いまだ必ずしも功を帰せず、一謀成らざれば訾議《しぎ》むらがり興る。君子は、むしろ黙して躁なることなく、むしろ拙にして巧なることなき所以《ゆえん》なり」前集71

誰かの十の言葉のうち九つまで的中しても、世間の人は、その人をほめるとは限らない。ところが、十のうちの一つでも的中しないと、その人に多くの非難が集中する。誰かの十の計謀《はかりごと》のうち九つまで成功しても、世間の人は、その人の功績としてたたえるとは限らない。ところが、十のうちの一つでも失敗すると、その人に対する誹謗があちらからもこちらからもおこる。

こうした次第なので、心ある人は、沈黙を守ることはあっても、多言することはなく、万事に拙劣をよそおっても、上手ぶらないのである。

先頭に立って事をおこなえば、うまくいった場合には人々からあたりまえだと思われ、まずくいった場合には非難される。これは、世間の通則の一つであろう。そこで、何事においても先頭に立たないのは、たしかに賢明な態度である。しかし、それは、ずるい態度にもつながるし、無責任な態度にもつながる。自分が非難されるのがいやだから、誰かを先頭に立てるというのは、ずるい態度である。

ある人を非難しようという計画をもっていて、その人を先頭に立て、自分は非難する側にまわるというのは、一段とずるい態度である。

自分を含めて、周囲の人々が一大事に直面しているとき、なにがなんでも先頭に立つのはいやだ、誰かが先頭に立って、うまく解決してくれればいいとだけ思うのは、無責任な態度である。賢明ではあっても、ずるい態度や無責任な態度は、決して好ましいものではない。

謙虚な気持ちから先頭に立たないのは、もちろん、ゆかしいことであり、いつも先頭に立って事をおこなわなければ気がすまないというのでは困るが、必要なときには、やはり、先頭に立つべきである。そして、そのときには、はじめから泥をかぶることを計算に入れて、失敗の責任はすべて自分が負い、功はすべて人にゆずる覚悟で事にのぞむことが肝要であろう。

謙遜と陰徳

人に一歩譲ること、少しのことは許すのが幸せのもと

「世に処するに、一歩を譲るを高しとなす。歩を退くるは、歩を進むるの張本なり。人を待つに、一分を寛にするはこれ福なり。人を利するは、実に己を利するの根基なり」前集17

世をわたるには、内に識見や能力を養いながらも、事にあたって人と先きを争わず、こちらから一歩を譲るのが、高尚な生きかたである。一歩退いて人に譲ることは、その場を円満に処理できるとともに、後に二歩も三歩も進みうる伏線となるのである。

また、人に対する待遇は、あまり厳しくせずに、ある程度寛大にするのが、自分にとっても相手にとっても福《さいわい》である。人を有利にしてやることは、そのまま自分を有利にする基本であるからだ。

たとえば、部下を使って仕事をする場合、こまかいことまでルールをきめたりせずに、大本だけをおさえて、あとは部下の自由にまかせる。部下はのびのびと考えて活動し、気持ちよく与えられた任務をはたす。その結果、仕事は立派にできあがり、自分も責任を全うできる。つまり、部下に対して活動しやすいように配慮してやると、自分にも幸福な結果がかえってくるのだ。この場合、部下の至らぬ思慮のために、仕事がつまずくこともあるだろう。そうなったら、そのつまずきの責任は自分が負って、部下とともにつまずきの原因を糾明し、やりなおさせればいい。そういうようにしても、はじめから部下をきびしく拘束して活動の自由をうばい、萎縮して仕事にあたらせるよりも、はるかによい結果が生まれるだろう。

十のうち三つ譲れば人のうらみを買わない

「径路せまきところは、一歩を留めて人に与へて行かしめ、滋味こまやかなるものは、三分を減じて人に譲りて嗜《たしな》ましむ。これはこれ、世を渉《わた》る一の極安楽法なり」

前集13

ひとり通るのがやっとで、二人ならんで通行できないような狭いこみちで、人に行きあった場合には、一歩をとどめて路傍により相手を先きに通してやる。また、非常においしい食物があれば、全部は食べてしまわないで、十分の三程度は人に与えて食べさせるようにする。万事この調子で自分から譲り、与える態度を保つことが、世をわたる上で一つの極めて安楽な方法である。

譲る態度を保つことは、一見、消極的な生きかたのようであるが、決してそうではない。自分も相手も、ともに無事に快適に事をはこぶ生きかたなのである。小路を譲って相手を先きに通してやるにしても、肉体的に負担になるわけではないし、時間的にもロスをするわけでもない。いくら急用のためにいそいでいるからといって、たがいに譲らなければ立往生になるし、喧嘩にもなりかねない。その方が肉体的にも負担であり、時間も大いにかかる。怪我でもすれば目的地へもつけなくなる。おたがいに譲りあえば一番いいのだが、相手に譲る気がなくても、こちらが譲れば問題はおこらず、自分も相手もスムーズに目的地にむかいうることになる。

また、おいしい物は誰もが食べたいだろう。それを人に与えずに独占しようとすれば、あるいは怨みをうけることになるかもしれない。いま、おいしい菓子が十個店頭にある。たまたま、それを見かけて店にはいる。十個とも買おうと思えば買える。しかし、すぐ後からきた人があって、彼もその菓子が目あてである。七個を買って三個はその人に譲ってやる。そうすれば、自分もおいしい菓子を食べることができるし、その人も食べることができる。ところが、十個とも買いしめたとする。その人はその菓子を買うことだけが目的で、遠方からわざわざ出かけてきたのだとすれば、意地悪をされたと思うかもしれない。そして、その人がすぐカッとする性格の人でもあったら、帰りがけに闇討をくわされないともかぎるまい。三個を譲っておたがいに満足する方がずっとよかろう。

世の中には、どうしても権利を主張しなくてはならない場合もあるだろう。しかし、それは極めて希れで、譲る態度を保つことによって、世の中の事の大半はスムーズに解決されるはずである。「おれのものはおれのもの、人のものもおれのもの」式の意識で、人を押しのけようとすれば、つまずきは必至である。

能ある鷹は爪をかくす

「鷹《たか》の立つや睡《ねむ》るがごとく、虎の行くや病むに似たり、まさにこれ、かれの人を攫《つか》み人を噬《か》むの手段のところなり。故に、君子は、聡明露《あら》はれず、才華逞《たくま》しからざるを要す、わずかに肩鴻任鉅《けんこうにんきょ》の力量あり」前集197

鷹が立っているのを見ると、眠っているようであり、虎が歩いているのを見ると、病み疲れているようである。しかし、そのような様子に見えることこそ、鷹や虎が人につかみかかり、かみつく手段なのである。だから、心ある人は、自分の聡明さを外にあらわさず、才能をふりまわさないようにすることが肝要である。そのようであってこそ、はじめて、大事を双肩にになって立つ力量があると言えよう。

「能ある鷹は爪をかくす」という言葉があるが、それは本章とほとんど同義であろう。人は、物事をおぼえてある程度上達すると、やたらに腕をふるってみたり、ひけらかしてみたりしがちである。しかし、本当に上達して、名人の域にまで達すると、そうしたことはなくなる。たとえば、喫茶店などでゴルフ談義に花をさかせ、周囲の人々の眼を意識しながらクラブの振り方を示しあったりしている人があるが、その人たちはゴルフをおぼえたての人か、やや上達した程度の人で、プロゴルファーともなれば、そんなことはしないだろう。

木当に能力のある人は、自分の能力を誇示しようとはしない。能力があるだけに、物事をマスターすることのむずかしさをよく知っており、自分の未熟さを反省する気持ちが先に立つからである。そして、その謙虚な態度によって、常に人間的な成長をとげていくのである。現代は宣伝の時代でもあり、とかく自分を誇示することによって、前途をひらきうるように錯覚しやすい時代であるが、そのような時代に生きるわれわれは、その錯覚を超えて、真に前途をひらく力を身につけるために、ますます本章の意義をかみしめることが必要だろう。

手れん手くだを知っても、それを使わぬ人を高潔という

「勢利紛華は、近づかざる者を潔しとなす。これに近づくも染まざる者をもっとも潔しとなす。智械機巧は、知らざる者を高しとなす。これを知るも用ひざる者をも

つとも高しとなす」前集4

権勢、名利、豪奢《ごうしゃ》、華美などに、近づかない人は潔白な人である。しかし、近づいて、しかもその悪風に染まない人が最も潔白な人である。

また、権謀術数（巧みに人をあざむく計略）などを、知らない人は高尚な人である。しかし、それを知っていて、しかも使わない人が最も高尚な人である。

学校を卒業して会社にはいり、職務に熱心で人のいやがる仕事もすすんでひきうけ、態度は謙遜、私生活も真面目というわけで、上下の信望をあつめたが、十数年たって課長に昇進すると、がらりと変わって社内では課長風をふかして課員に威張りちらし、家庭をそっちのけにしてバーを飲みあるく――このような類の人がいるという話をよく聞く。

勢利紛華、すなわち、権力名利や豪奢華美な生活などというものは、そのなかに身をおくと、人はどうも堕落しやすい。会社の課長の権勢は知れたものだろうし、収入だってそう豪奢な生活をおくりうる程には多くはないだろうが、それでも一課員でいたときとくらべれば、一線を劃《かく》するものがあり、つい、いい気になる人もあるだろう。

ところで、いまの会社では、機構の上から誰かが課長や部長にならざるを得ない。課長や部長になると堕落しやすいからといって、全社員がそのポストにつかないとすれば、会社は成立しない。そこで、会社員たるものは、課長や部長になっても、そのポストに付随する権勢や豪奢によって自分を堕落させない心がけを、常に潔白さを養う心をもちたいものだ。はやく課長になって威張りたいとか、多額の収入を得たいとか考えて、上役にへつらったり、同僚を中傷したりする連中は、みずから墓穴を掘る者でしかない。

また、世の中には、残念ながら、人を欺いて自分に利益をもたらそうとする智械機巧——権謀術数がないわけではない。それを全く知らない人は、邪心のない高潔の人である。しかし、知らなければ、人につけこまれて自分がその権謀術数の犠牲になり、せっかくの高潔さも身をほろぼす原《もと》となるかもしれない。だから、権謀術数のいかなるものかを知って、しかも自分では用いない人が、本当に高潔な人なのである。

真心と誠実

外物にまどわされずに本心を見つめよ

「人心に一部の真文章あり、すべて残編・断簡に封錮《ふうこ》し了《おわ》る。一部の真鼓吹あり、すべて妖歌・艶舞に湮没《いんぼつ》し了る。学ぶ者はすべからく外物を掃除して、ただちに本来をもとむべし。わづかに個の真受用あらん」前集57

人の心には、本来、一冊の立派な書物がそなわっている。だから、人はそれを読みさえすればいいのに、惜しいことに、その書物は、昔の人が書き残したかす
の文章の断片のなかに閉じこめられている。また、人の心には、本来、一曲の立派な音楽がそなわっている。だから、人はそれを聞きさえすればいいのに、惜しいことに、その音楽は、あやしげな歌や舞いのなかに埋没されている。そこで、学問に志す者は、外から誘惑しようとするさまざまのものを払いのけて、ひたすら心に本来そなわっているものを求めるべきである。そうすることによってのみ、心に本来そなわっているものを真に活用することができるだろう。

人のあり方はさまざまである。気の強い人もいれば、弱い人もいる。頭の回転のはやい人もいれば、おそい人もいる。

そして、一般に、気の強い人や頭の回転のはやい人は恵まれた人であり、気の弱い人や頭の回転のおそい人はだめな人だと思われ、当人たちもそうだと思いこんでいる場合が多い。

たとえば、気の弱い人は、とるに足らない過失を犯しても、その過失の影が重く心にのしかかって絶えずさいなまれ、自分をだめな人間だときめつけて、生活態度全般が消極的になってしまう。そして、気の強い人が過失を過失とも思わず、強引に押しきっていくのをみると、善悪を判断する余裕をも失い、とても自分にはああはできないと嘆いて、ますます劣等感のとりこになってしまう。

また、頭の回転のおそい人は、ちょっとした事態の変化にぶつかっても、事の真相がなかなかつかめず、従って、どう対処してよいのかわからず、あれこれと惑っているうちに、自分をだめな人間だと思ってしまい、そのうちに事態が変わると、まるで世の中から取りのこされてしまったようにさえ感じる。そして、頭の回転のはやい人がすばやく事の経過を見ぬいて手をうち、ぬかりなく地歩を築いていくのをみると、必要以上に自分の無力を感じて、絶望的になっていく。

しかし、よく考えてみれば、気の強いことや、頭の回転のはやいことは、必ずしもプラスの要素としてだけはたらくわけではない。気が強いために、自分の過失を過失として反省することをせず、逆に人の過失を言いたてて自分の過失を消そうとし、周囲の反感を買って失脚する場合もすくなくない。また、頭の回転がはやいために、自分の能力に対する過信から、不用意にも事態を誤解し、思わぬ破滅におちいることも珍しくはない。

逆に、気の弱いことや、頭の回転のおそいことが、プラスの要素としてはたらくことも大いにありうる。北条時宗は気の弱い、きわめて神経の細い男だったという。その時宗は、元寇《げんこう》に直面したとき、おのれの気の弱さ、神経の細さを十分に自覚し、そのことによって事態を誤認しないように努力し、断じて元に服従せず、さらに一歩をすすめて、気の弱さ神経の細さを活かして、侵略軍に対する細心慎重な、現実的な対策を力いっぱい実行し、いまにも絶ちきれようとする神経に耐えて、ついに侵略軍をしりぞけたのである。

頼山陽《らいさんよう》からは「相模の太郎、胆かめのごとし」とうたわれたが、元寇の乱の勝利は、実は、時宗の気の弱さに負うところが大きいのである。

要は、人々がそれぞれ自分のあり方を正しく把握し、それにもとづいて、どう生きるかを常に考えることにある。人が生まれて生きるからには、どの人の心のなかにも、本来、天与のりっぱな書物が備わっている。内に心をみつめてそれを読破すれば、生き方はおのずと理解される。この点に留意せずに、ただ眼を自分の外にむけ、やみくもに古人の書を読みあさっても、死んだ知識の断片のなかに、せっかくの天与の書物を閉じこめる結果となるだけなのだ。

ところで、天与の書物を読むには、いったいどうすればよいのか。これは次の項で語ろう。

本心は深夜の静思によって明らかになる

「夜深く人静かなるとき、ひとり坐《ざ》して心を観ずれば、はじめて妄窮《もうきわま》りて真ひとり露《あらわ》るを覚ゆ。つねにこの中において、大機趣を得《う》。すでに真現れて妄の逃《のが》れがたきを覚ゆれば、また、この中において、大慚忸《ざんじく》を得」前集9

夜がふけて人々が寝静まり、あたりが全くの静けさにおおわれるとき、たった一人できちんと坐《すわ》って自分の心を観照すると、はじめて妄心が消え去って、本来の真心があらわれてくるのがわかる。そのように、本来の真心があらわれてくると、心は応用自在にはたらく。ところで、真心があらわれても、妄心を全く除き去るというわけにはいかない。そのことがわかると、大いに恥じいって、さらに精進の心がわくのである。

ここに、ひとりの男がいる。相当な社会的地位にあり、経済的にも安定している。だから、彼の生活は公私ともになんの不足もないようにみえる。ところが、彼は常に悩んでいる。彼の妻がまじめに生活しようとしないからである。結婚にあたって、他に候補者もいたのだが、美貌という点でいまの妻が断然光っていたので、彼はついそれにひかれ、ろくに考えもせずに決めてしまったのだ。あのとき、家庭生活というものを真剣に考えて、愛情をもって彼とともに家庭を築きあげていく女性を択んでいたら、現在の彼の苦悩はなかったことだろう。

こんな話はよくあることだ。つまり、この男にとっては、結婚は人生の岐路であったのだが、それをうかうかと見すごしてしまったわけである。

人生には、どうしても直面せざるをえない岐路や転機がある。それらは、しっかりと見すえて、どちらに進むか、どう対処するかを決定しなくてはならない正念場《しょうねんば》である。いささかでもゆるがせにしたり、現象だけにとらわれて、その本質を見失ったり、ごまかしたりすれば、その後の生涯は苦悩にみち、はては自滅へとつながるかもしれない。自分全体をたたきつけて真剣に相対してこそ、すなわち、『虞《ぐ》美人草』（夏目漱石）の宗近《むねちか》さんの言う〝真面目〟になってこそ、はじめて血路がひらけるのだ。

真面目になるべきときに真面目になれる――この境地に到達するにはどうしたらよいのか。それは、機会あるごとに、いや常に機会をつくって、「夜深く人静かなるとき、ひとり坐して心を観ず」る修練をすることである。昼のうちは、目は形象にひかれ、耳は雑音にひかれがちで、心の平静を保ちがたいが、夜がふけて人々が寝静まった後は、ほとんど外物の妨《さまた》げもなく、心の平静を保ちやすい。このとき、室中にひとり正坐して内心を観照すれば、いつかは妄心の活動がとまり、真心だけが前面に押しだされてくるようになる。つまり、天与の書物を読みうる状態におかれるのであって、この修練をくりかえすうちに、いざとなれば何時《いつ》でも真心をもって物を見すえる、真面目になりうる域に達するだろう。

ところで、真心といい妄心というが、それは別個の対立物として存在するのではない。水と波との関係において存在するのだ。平穏な気象のもとにおいては、水は万物の影をありのままに映すが、風が吹くと波だって、その影は乱されてしまう。してみれば、波は水の作用をさまたげるわけだが、しかし、水がなければ波はなく、水があるかぎり波もある。真心は自在に事の真相を映しだすが、妄心は事の真相をゆがめてしまう。しかし、波の水におけるように、真心を離れて妄心はなく、いかに真心が現われても妄心を全く去るわけにはいかない。だとすれば、可能なかぎり妄心のはたらきをとめる努力のなかに人生はあるといえよう。

本心によらない知は自分を滅ぼす

「心地《しんち》乾浄《けんじょう》にして、はじめて書を読み古《いにしえ》を学ぶべし、然《しか》らざれば、一善行を見ては竊《ぬす》みてもつて私を済し、一善言を聞きては仮りてもつて短を覆《おお》ふ。これまた、寇《こう》に兵を籍《か》し、盗《とう》に粮《ろう》を齎《もたら》すなり」前集54

内心観照の結果、真心があらわれる。名誉や利益のためなどという妄心のはたらきを抑えてから、古書を読み古人に学ぶべきである。そうでないと、せっかく古書を読んでも、そのなかの一つの善行を見ると、それを盗用して私欲をとげようとし、一つの善言を聞くと、それを借用して自分の短所をおおいかくす口実にするだけである。これでは、敵に武器を貸し、盗人に食糧を与えるようなもので、ますます自分を害してしまう。

芥川龍之介の『蜘蛛の糸』について考えてみよう。主人公のカンダタは、「人を殺したり家に火をつけたり、いろいろな悪事を働いた大泥坊」だが、それでも、路ばたをはって行く小さな蜘蛛を見たとき、踏み殺そうとして、急に、

「いや、いや、これも小さいながら、命のあるものに違ひない。その命を無暗にとると云ふ事は、いくら何でも可哀さうだ」

と思い返して、殺さずに助けてやったことがある。つまり、芥川は、カンダタを通じて、人間はどんなに悪事をはたらく悪人であっても、必ず一片の慈悲心——善心をもっている、と主張したのだ。

そのカンダタは、死んで地獄におちた。そして、ある日、地獄の底で他の罪人たちにまじって、もがきうめいている彼の姿がお釈迦さまの眼にとまる。お釈迦さまは、

カンダタが蜘蛛を助けてやったことを思いだし、その善行の報いに、彼を地獄から救いだして極楽に移してやろうと考え、極楽の蜘蛛の糸を取って彼の頭上におろしてやった。銀色の蜘蛛の糸が自分の上に垂れてくるのを知ると、カンダタは必死にそれをつかんで、地獄からの脱出にとりかかる。上へ上へとたぐりのぼった彼は、しかし、途中で疲れきって糸にぶらさがりながら休息する。そして、ふと下を見ると、数かぎりない罪人たちが、自分のあとを追って、蟻の行列のように蜘蛛の糸をよじのぼってくるのが見えた。

カンダタの頭はすばやく回転する――自分ひとりの重みでさえ、糸はいつ切れるかしれない。ましてあれだけの人数の重みでは切れるにきまっている。自分だけが助かればいいんだ――。

そこで、カンダタは、

「こら、罪人ども。この蜘蛛の糸は己《おれ》のものだぞ。お前たちはいったい誰に尋《き》いて、のぼって来た。下りろ、下りろ」

と大声でわめいた。その途端に、蜘蛛の糸はカンダタの手の上から断ち切れ、カンダタはふたたび地獄の底に落ちてしまう。

つまり、芥川は、カンダタのもつ一片の慈悲心が、いざという場合に我慾《がよく》におさえられてしまったことを通じて、人間の善心はかぎりなく拡大することのできない本来をそなえている、と主張したのだ。

要するに、芥川は『蜘蛛の糸』において、人間が人間であるかぎり、いかに悪人であっても、一片の善心を本来的にそなえている、しかしその反面人間が本来そなえている善心は、また、かぎりなく拡大することができないのが本来なのだ、と主張しているのである。この点には異論はない。人の心は、静かに観照しつづければ、必ず真心が前面に押しだされるが、いかに真心が現われても、妄心を全く去るわけにはいかないからである。

ところが、『蜘蛛の糸』には、カンダタがふたたび地獄の底に落ちるまでの一部始終を見おわったお釈迦さまについて、

「悲しさうな御顔をなさりながら、又ぶらぶら御歩きになり始めました。自分ばかり地獄からぬけ出さうとする、犍陀多《カンダタ》の無慈悲な心が、そうしてその心相当な罰をうけて、元の地獄へ落ちてしまつたのが、御釈迦様の御目から見ると、浅ましく思召《おぼしめ》されたのでございませう」

とあって、これがこの作品の結びになっている。

これで見ると、芥川はお釈迦さまとともに、カンダタの無慈悲な心をあさましく思

い、その無慈悲な心に相当する罰をうけて地獄へ落ちたことをあさましく思っているが、カンダタが人間として本来的にそなえている慈悲心を――たとえ、それが一片のものであったとしても、我欲のためにおさえてしまったことに対して、カンダタになんらの反省もさせていない。すなわち、芥川は、人間は本来的に善心をそなえているのだが、その善心を拡大できないのも人間の本来なのだから、所詮、人間は度しがたいものだと絶望しているのである。この点には異論がある。

たるほど、人は妄心を全く去ることはできないが、その妄心は、真心を離れては存在しないからである。人は修練次第で、真心を前面に押しだすことができる。そして、真心が現われてもなおかつ妄心の去りがたいことを知れば、そうした人間の本来を恥じ悲しむことによって妄心をおさえようとする――裏を返せば、善心を拡大しようとする――意慾を湧かすことができ、その後天的な努力によって、妄心のはたらきを相当程度おさえることができるのである。だから、人間は度しがたいものだ、という絶望は早計である。

もし、その後天的な努力によっても、妄心のはたらきを一部分でもおさえることが不可能であるならば、善心をごくわずかでも拡大することが不可能であるならば、人はなぜ古人の書を読むのだろうか。内心を観照して、人間本来の矛盾に苦しむからこそ、人は自分のよりよいあり方を求めて、古人の書を読むのではなかろうか。「心地乾浄にして、はじめて書を読み古を学ぶべし」といわれる所以はここにある。

人に欺かれても誠実をつらぬけ

「人を信ずる者は、人いまだ必ずしもことごとくは誠ならざるも、己すなはち独り誠なり。人を疑ふ者は、人いまだ必ずしも皆は詐《いつわ》らざるも、己すなはち先《ま》づ詐《いつわ》れり」前集159

他人を信用する者は、その他人のすべてが誠実であるとは限らないが、自分だけは誠実なわけである。他人を疑う者は、その他人のすべてが詐りをするとは限らないが、自分がまず詐りをしている。

人は社会に生きる。社会に生きる以上は、他人との交際は必至である。人と交際する場合、基本となる大切なことは、誠をもって相手に対することである。〈自分がなぐられれば痛い。だから、人をなぐれば、その人は痛いだろう。では、人をなぐるのはよそう〉――まず、自分を欺《あざむ》きいつわらない心をもち、その自分を欺きいつわらない心を人にまで推しおよぼしていく。これが誠をもって相手に対するということだ。

もし、社会を構成する人々が、みな誠をもって相手に対するなら、世の中は明るく楽しいだろう。ところが、実情はそうではない。人を欺いて利益をえたり、欺かれて苦境におちる人が決してすくなくない。

だから、いくら自分ばかり誠をもって相手に対してみても、相手はこちらを欺くかもしれない。そうだとすれば、馬鹿をみるのは常に自分の方ではないのか、という疑問がわく。この疑問は軽視できない。誠をもって相手に対した人が、その誠を逆用されて、相手に苦汁を飲まされた例は、歴史のなかにかなりあるからである。

しかし、だからといって、人々がみな相手を疑い、誠をもって対することをやめてしまったら、この世の中はどうなるだろうか。おそらく社会は崩壊し、人生は成立しないことだろう。人はもっと人間を信用していいはずだ。相手を信用していいはずだ。誠と誠が美しく結ばれて花ひらいた例も、歴史のなかに数かぎりなくあるからだ。

一例をあげよう。

管仲《かんちゅう》と鮑叔牙《ほうしゅくが》は、春秋時代の斉《せい》の人で、幼いころから大の仲よしだった。二人が成長したころ、斉では内紛があり、公子の糾《きゅう》は魯《ろ》に亡命し、その弟の小白は莒《きょ》に亡命した。管仲は糾に、鮑叔牙は小白につかえていた。やがて内紛がおさまると、糾と小白とが斉の国君《こっくん》の地位を争うことになり、管仲と鮑叔牙も敵対関係にたった。管仲は小白を暗殺しようとしたが失敗し、小白が国君となって糾は死んだ。小白は、すなわち、春秋五覇のひとりとして有名な斉の桓公《かんこう》である。

主君を失って一時囚われの身となって管仲は、鮑叔牙に救われた。鮑叔牙は、かっての友情を忘れず、また、管仲の能力を正当に評価して、桓公に推薦したのである。桓公はその言をききいれて、かつての仇敵である管仲を大臣に登用した。

こうして才腕をふるう場をえた管仲は、ついに桓公を天下の覇者に仕立てあげたのであるが、後年、鮑叔牙の自分に対する信頼に感謝して、

「わたしが貧乏だったころ、鮑叔と共同で商売をしたことがある。利益を分けるときに、自分が多くとるようにしたが、鮑叔はわたしを貪欲とは思わなかった。それは、わたしが貧乏であるのを知っていてくれたからである。わたしは、かつて、鮑叔のためにあることを謀《はか》ってやって、より以上の苦境におとしたことがあるが、鮑叔はわたしを愚かものだとは思わなかった。それは、時に利と不利とがあることを知っていてくれたからである。わたしは、かつて、三たび仕官して三たびとも主君からおはらい

ばこになったが、鮑叔はわたしを不肖ものとは思わなかった。それは、わたしが時勢にあわないだけなのを知っていてくれたからである。わたしは、かつて、三たび戦って三たびとも逃げたが、鮑叔はわたしを卑怯ものだとは思わなかった。それは、わたしに老母があるのを知っていてくれたからである。公子の糾がやぶれたとき、わたしと共にその大夫であった召忽《しょうこつ》は討死した。わたしは捕えられて獄に投ぜられ、辱《はずか》しめを受けたが、鮑叔はわたしを恥知らずだとは思わなかった。それは、わたしが小さな節操を守らないことを恥としないで、功名が天下に顕《あら》われないことを恥としているのを知っていてくれたからである。まことに、わたしを生んでくれたのは父母であるが、わたしを真に理解してくれたのは鮑叔である」

と述懐している。鮑叔牙は、終始、管仲に誠をもって対した。天下の人々は、管仲の賢才を称揚するよりは、鮑叔牙がよく管仲の人物を理解し、信頼しつづけたことを高く評価したという。管仲もまた、誠をもって鮑叔牙にこたえた。こうして、二人の友情は、後の世まで清らかに語りつがれているのである。

「人を信ずる者は、人いまだ必ずしもことごとくは誠ならざるも、己すなわち独り誠なり」――一度や二度、欺きいつわられてもいいではないか、欺かれる自分は誠であり、すくなくとも、欺く相手より高潔なのだから。

第五章　不安な社会を生き抜く知恵

公平と知性

洞察と良識

虚心と寛容

価値と判断

正義と信念

善意が悪意と反感を買う場合

「人を用ふるには、よろしく刻なるべからず、刻なれば効を思ふ者も去る。友に交るには、よろしく濫なるべからず、濫なれば諛《ゆ》を貢する者も来る」前集207

人を使う場合には、きびしすぎてはいけない。きびしすぎると、忠実に勤めようと思う者までがやめてしまう。

友人と交際する場合には、ただやたらに交際してはならない。やたらに交際すると、へつらう者もやってくる。

Aさんは職人あがりの洋服屋である。家族は女房と息子と娘の四人で、家庭は円満である。もうだいぶ以前から、こぢんまりした店を構えて、洋服を仕立てて売っている。腕前は一流で、人柄は真面目だ。職人かたぎで何よりも仕事を好み、手ぬきなどは一切せず、客の体にぴったりとあった洋服をつくる。それに暴利をむさぼることが大嫌いで、いつも正直に値段をつける。そんなわけで、一度Aさんに注文すると、ひきつづいて注文する客が多く、いつの間にかお顧客《とくい》さんが固定する状態になった。そのお顧客さんのなかには、洋服もさることながら、Aさんの人柄にひかれて、洋服屋と客という関係を超えて、友達づきあいにはいった人も一人や二人ではない。もっとも、新規の客もないわけではないのだが、それがどこかでAさんの洋服が安いと聞いてきただけで、Aさんの腕前を認めてきたのではないのに、

「親方の腕は大したものだ。日本一だね」

などと、心にもないお世辞をいおうものなら、

「まだ、わたしが仕立てた洋服を着たわけでもないのに、どうしてわたしの腕がわかるのですか。つまらぬお世辞をいうなら、帰っていただきましょう」

と、ぴしゃりとやってしまうので、腕前のわりには、Aさんの店は大繁昌というわけにはいかない。しかし、Aさんは相変わらず仕事に打ちこみながら、お顧客さんのなかからよい友達ができたことを喜んでいる。

以上のような次第で、Aさんは洋服屋として楽しい毎日をおくっているようであるが、そのAさんにも一つだけ悩みがある。それは、自分の技術を伝授したいと思って奉公人を置くのだが、つぎつぎとやめていってしまうことだ。なかにはAさんの腕前

に心酔して、むこうから置いてほしいとやってくる者もあったのだが、それさえもやめていってしまった。悪い待遇をしているわけではないし、悪意をもっていじめるわけでもないし、仕事はきちんと教えていることだし、どうしてやめるのか、それがAさんに納得できず、気にかかるのである。

だが、やはり理由はある。それは、Aさんの仕事の仕込み方そのものが問題なのだ。奉公人は教えられたとおりに裁断し、ミシンをかける。ひと区切りついてAさんに見てもらうとき、彼は全力をつくして立派な仕事をしたという満足感をもっている。ところが、Aさんから見ると、裁断もまずいし、ミシンのかけかたもゆがんでいる。それに、これだけの仕事をするにしては、時間もかかりすぎている。あんなに真剣に教えてやっているのに、これだけしかできないのか、という不満が先きに立つ。そこで、「もっとしっかりやれ」という叱言《こごと》がでる。そこで奉公人の満足感は消えて、Aさんに対する反感がのこる。こんなことが重なって、奉公人は次第にAさんに失望し、やめていってしまうのだ。

十の能力の人が、五の能力の人を使う。使われる人が全能力をだしきって五の仕事をする。それを見て、使う人が「なんだ五か、自分なら遊び半分にやっても、六や七はできるのに」と思う。そこで、つい、使われる人に対して不満を示す。これでは、使われる人が面白くないのは当然である。Aさんはこの点を見おとしているのだ。そして、自分の腕前を標準にして奉公人に対し、奉公人のためを思うから真剣に不満を示すのだ。

ところが、奉公人は、それを苛酷と感じてやめてしまうのだ。人を使う難しさはここにある。主人がはじめから使用人をいじめてやろうとするのは論外だが、善意で対しても、使用人から見れば、主人のその善意を悪意としか受けとれない場合も多いのだ。Aさんは、立派な腕前と真面目な人柄のために期せずしてよい友人を択ぶことができた。しかし、同じ理由から、善意を苛酷と受けとられて、奉公人にやめられてしまうのである。

親子の恩愛はとりひきではない

「父は慈に子は孝、兄は友に弟は恭、たとひ極処になし到るも、ともにこれ、まさにかくのごとくなるべく、一毫《ごう》の感激的念頭をも着けえず。もし、施すもの徳に任じ、受くるもの恩を懐《おも》はば、すなはちこれ路人、すなはち市道とならん」前集133

親は子を慈《いつく》しみ、子は親に孝をつくす、兄姉は弟妹を友愛し、弟妹は兄姉に恭敬である――これは立派なことではあるが、所詮は人間としての自然な道であり、たとえ、最高な域にまでそれをやりとげたとしても、当然のことをやりとげたまでのことで、すこしも感激して取りあげるにはあたらない。もし、親が子を慈しんで子に徳を施したと思ったり、子が親に慈しまれて恩を受けたと感じたりするのでは、それはまったくの他人行儀であり、せっかくの慈孝友恭も、ただの取り引きの関係になってしまう。

親と子のあいだの慈孝の情、兄姉と弟妹のあいだの友恭の情は、人間にとっての当然のことであるが、その当然のことがあまり当然でないのが現状であろう。可愛さのあまりに甘やかしすぎて、親が子をだいなしにしてしまうのはともかくとして、親の子に対する慈しみのなかに、すこしでも不純な意識がこもっているとすれば、それは由々しい問題である。

たとえば、子の進学は、当人が将来よりよい人生をおくるためになされるのであり、親としては、もっぱらその観点から考えるべきことである。ところが、親のなかには、子の進学を考える場合に、自分のみえを加えて、有名校を択ばせることが、親の慈しみだと思う人もあるようである。その結果は、子の志望や、能力を無視することになり、かえって子の将来を暗いものにしてしまう。また、慈しみをかけることによって子に恩を感じさせ、自分たちが老後をむかえたら、その恩を返してもらおうと期待する親もあるようであるが、子というものは親のそうした不純な気持ちに対して、本能的に敏感であり、慈しみのすべてを見せかけのものとして受け取ってしまう。そして、そこから子の親に対する心の断絶がはじまり、おこるはずのない悲劇がおこるようになる。

そこで、大切なことは、親自身が独立自尊の生活をつらぬくことである。親がそうした態度で生活するかぎり、子への慈しみは本来の純粋さをたもつ。そうすれば、子は自然に孝道をあゆむ。兄姉と弟妹の関係も同様である。

公人・私人としての心得

「官に居るに二語あり。曰《い》はく、『ただ公なれば明を生じ、ただ廉なれば威を生ず』。

家に居るに二語あり、曰はく、『ただ恕《じょ》なれば情平かに、ただ倹なれば用足る』」　前集183

公人として公職にあたる場合の、戒めの言葉が二つある。第一は、「公平でありさえすれば、自然に明智が生まれる」であり、第二は、「清廉でありさえすれば、自然に威厳が生まれる」である。また、私人として家庭生活をする場合の、戒めの言葉が二つある。第一は、「思いやりがありさえすれば、家中に不平はおこらない」であり、第二は、「倹約でありさえすれば、常に費用にことかかない」である。

「官に居る」とは、元来、官吏《かんり》として政務にあたる意味であるが、もっと広く公人として公職にあたると解してよかろう。公人として立つ場合には、まず、自分も納得し、人々にも迷惑をかけないように、万般を見とおして処置をあやまらないだけの明らかな智恵が必要であるが、それは、私情にとらわれない公平な心から生まれる。公平無私でありさえすれば、いかなる業務にあたっても、ゆがみのない明白な決裁をくだすことができるからである。

たとえば、部下を配置するにしても、自然と適材を適所におくことができて、職場全体が能率的になり、関係各方面の人々に対しても、一層の便宜をあたえる結果になるだろう。公人として立つ第二の要点は、正々堂々として業務を遂行するに足る威厳をたもつことである。それは、清廉であることから自然に生まれる。清廉でありさえすれば、たとえば、賄賂《わいろ》などで誘惑する者があっても、その手にのらず、従って後ろ暗い影におびえる心配は全くなく、常に堂々としていられるから、自然に威厳がそなわる。その結果、誰はばかることなく正当に業務を遂行できるのである。

また、私人として家庭生活を営む場合には、常に安らかな生活をおくりたいものであるが、それには家中に不平がおこらず、必要なだけの出費ができることが、条件となるだろう。

家族の全員が、たがいに他を思いやりさえすれば、家中に不平はおこらない。また、家族全員が倹約でありさえすれば、貧しい家計であっても、ともかくも必要な費用にことかくことはあるまい。つまり、家中に不平がおこらないことも、費用にことかかないことも、その両方とも家族全員の心がけにかかわるわけであるが、各人がそれぞれ率先して他を思いやり、倹約であろうとすることが、まず不可欠のことであろう。

不運にある人の身になって考えよ

「富貴の地に処しては、貧賤《ひんせん》の痛癢《つうよう》を知るを要す。少壮の時に当りては、すべからく衰老の辛酸《しんさん》を念《おも》ふべし」前集184

富貴であるときには、貧賤な人の苦痛を知らなければならない。若くて元気なときには、年令《とし》とって衰えた人のつらさを思いやる気持ちをもつべきである。

貧賤で生活苦にあえぐことは、誰だっていやだろう。もっとましな生活がしたいと思うだろう。できれば、富貴の身分になってみたいとも思うだろう。そして、その人なりに努力するだろう。その結果、貧賤からぬけだして、富貴の地位におさまる人も皆無ではないだろうが、大多数の人は、依然として貧賤なままの自分に気づいて、がっかりするだろう。しかし、そうなるのは、実はやむをえないことなのだ。人には努力次第で希望どおりに解決できる問題もあるが、いくら努力してもどうにもならない問題もある。富貴であるか、貧賤であるかは、ある程度は人の希望や努力によって解決しうるが、同時に、与えられたもの——すなわち、人間の希望や努力の範囲を超えたところで決定される性格のものである。

つまり、いくら貧賤からぬけだそうとしても、人間の希望や努力のみによっては解決できず、多分に運命的なものに左右されるのだ。それは、富貴も同じだ。いくら用心しても、いつ貧賤に転落するかわからない。いまの富貴が永久につづくと思うのは錯覚にすぎない。だから、富貴の境遇にある者は、貧賤の者に対して、「努力が足りないから、いつまでも貧賤でいるのだ」などと思いあがっていないで、彼らの苦痛を自分のものとして嚙みしめる必要がある。今日は他人《ひと》の身、明日はわが身である。

若者はいつまでも若者ではいられない。必ず老衰のときがくる。元気のあふれているいま、時勢の変化にいくらでも適応できるいま、希望に胸をとどろかせて前進しているいま、自分の老衰した姿を想像することは難しかろう。しかし、老衰のときは必ずくる。若者よ、自分は電車の座席にふんぞりかえって足を投げだし、眼の前の吊り皮にしがみついて哀れに揺られている老人を無視していてもよいだろうか。今日は他人の身、明日はわが身なのに。

大局に立って判断をすることの大切さ

「風斜《ななめ》に雨急なるところは、脚を立てえて定めんことを要す。花濃《こまや》かに柳艶《つやや》かなるところは、眼を着けえて高からんことを要す。路危く径《みち》険しきところは、頭を回《めぐら》しえて早からんことを要す」前集208

風が吹きすさんで雨のはげしい場合には、両脚をしっかりと大地につけて立っていなければならない。花が色とりどりに咲き、柳の葉があでやかに映えている景色のよいところでは、鑑賞眼を高くして、くだらぬものには目もくれぬようにしなければならない。道が危険で進みがたいところでは、思いなおして早々に引きかえさなければならない。

暴風雨のときには、屋外に出ない方がいいが、どうしても出なければならない場合もある。その場合には、両脚をしっかりと大地につけて、ふんばっていないと、吹き倒されてしまう。人が逆境にあるときも、それと同じである。気をゆるめたり、ただ嘆き悲しんでいたのでは、ますます苦しい境遇におちてしまう。心を引きしめて、苦しさに負けずに、冷静に対処すべきである。そうすれば、きっと逆境を乗りきることができるだろう。

本立の緑もすがすがしく、さまざまな花が咲きみだれているような景色のよいところでは、高い鑑賞眼をもって美景の全体を味わうべきである。もし、個々の美に引かれて眼うつりすれば、気持ちもみだれて、せっかくの美景を全体的に味わう余裕を失ってしまう。

人が順境にあるときもそれと同じである。いたずらに富貴や、栄華にとらわれて、それを誇っていたのでは、たちまち転落してしまうだろう。それらを意識の外において、超然たる態度を持していてこそ、自分も安らかに生活できるとともに、世のため人のために活動することができて、順境にあることが意義づけられるだろう。

また、たとえば、山路をたどっていて、非常に危険な個処にぶつかった場合、あたりを見まわしても、その危険をさけてとおる方法がないならば、思い切りよく早々に引きかえすべきである。無理に進めば、けがをしたり、命を失ったりもしかねない。人が大変な苦境に立ったときも、それと同じである。真剣に打開の道を考え、全力をあげて突き進んでも、どうにも光明を見いだせない場合には、せっかく苦心して考えた方法だからなどと未練をいだかずに、思い切りよくあきらめて、別の方法を立てるべきである。そうしないと、いつまでも打開できないばかりでなく、ますます苦境に追いこまれることになろう。

自分があまりに立派だと人は遠ざかる

「山の高峻《こうしゅん》なるところには木なきも、谿谷廻環《けいこくかいかん》すれば草木叢生《そうせい》す。水の湍急《たんきゅう》なるところには魚なきも、淵潭停蓄《えんたんていちく》すれば魚鼈聚集《ぎょべつしゅうしゅう》す。これ、高絶の行、褊急《へんきゅう》の衷《ちゅう》は君子重く戒むるあれ」前集193

山の高く険しいところには木が生えないが、谷間のめぐっている低いところには、草木がむらがり生えている。流れの激しい早瀬には魚が住まないが、よどんで深々とした淵には、魚や亀が群をなして集まっている。してみれば、あまりにも高尚なおこないや、狭くて激しい心のもちかたは、心ある人としては厳重に戒めなければならない。

「あの人は本当に高潔な人だ。だから、いつも尊敬しているのだが、しかし、一緒に仕事をしたいとは思わないね」

「どうしてだい。そんな立派な人となら、一緒に仕事ができたら幸福じゃないか」

「うん、そうも思うのだがね。けれども、あんまり高潔すぎてこわくなるんだ。会って話をしても、冗談なんか勿論いえないし、だんだん息がつまるような気がしてくるんだ。だから、尊敬はしていても、とても一緒に仕事はできないと思うし、したいとも思わないわけだ」

ときどき、このような会話を耳にすることがある。高潔であることは、人にとって大切なことであり、そうなりたいと願うわけだが、それにこりかたまると、思わぬ支障が生まれる。人は世俗のなかでしか生きられないのであり、生きていくには常に相手がある。

個人として内にむかって高潔を追求するのは、いくらきびしく追求しても、きびしすぎるということはないのだが、その態度のままで相手に接すると、ともすると相手にも高潔を要求することになり、狭くて激しい心のもちかたになってしまって、相手との関係に円滑を欠くことになる。そこで、自分自身に対してはきびしく高潔を追求しながら、同時に、相手にはそれを秘めて接するように心がけるべきであろう。

別の章には、

「世に処しては、よろしく俗と同じくすべからず、また、よろしく俗と異るべからず。事を作《な》すには、よろしく人をして厭《いと》はしむべからず、また、よろしく人をして喜ばしむべからず」――世渡りをするには、世俗の人とまるきり同じでもよろしくないが、さりとて、ちがいすぎるのもよろしくない。事業をおこなっていくには、人にいやな思いばかりさせるのもよろしくないが、さりとて、喜ばせようとばかりするのもよろしくない――前集195

とあるが、まことにそのとおりである。

私欲を圧えるには知識と意志が必要である

「私《し》に勝ち欲を制するの功は、識《し》ること早からざれば力易《やす》からずといふ者あり、識りえて破るも忍過ぎずといふ者あり。けだし、識はこれ一顆《か》の照魔の明珠《めいしゅ》、力はこれ一把《ぱ》の斬魔の慧剣《けいけん》、ふたつながら少《か》くべからざるなり」前集125

私欲を抑制するためには、なにが私欲であり、それがいかなるものであるかを早く知らなければ、つまり、きちんとした知織をもたなければ、抑制するのは容易でないと言う人もあり、また、私欲のなんたるかを知っても、意志力が足りなければ、抑制しがたいと言う人もある。思うに、知識は私欲という悪魔を照らしだすひとつぶの宝玉であり、意志力はその悪魔を断り捨てるひとふりの利剣であって、その二つはどちらも欠くことのできないものである。

私的な情や欲望の全くない人はいない。そして、ある場合には、その私的な情や欲望に従って生きることが、むしろ人間的であることもあるが、逆に、それらにとらわれたために、重大な過誤をおかす場合もある。

一般に、私的な情や欲望は、野ばなしにして制御しなければ、身をほろぼすことが多いので、その制御の工夫を説いたのが本章である。

ここに一つ、私的な情を制御したために、いまなお人々の胸を打ちつづけている話を紹介しよう。

諸葛孔明《しょかつこうめい》といえば、三国志のなかのあまりにも有名な人物であるが、彼は人間的にすぐれている点を多々もっており、深い情愛をもそなえていたが、同時に、私情にとらわれることなく生きた人物であった。その孔明が、蜀漢《しょくかん》の軍をひきいて、魏《ぎ》の都、長安を攻略しようという意図のもとに、魏軍と祁山《きざん》の野に相対したときのことである。魏の将軍は曹真《そうしん》であったが、これは手もなく孔明にやぶれた。そこで、魏はあらたに司馬仲達《しばちゅうたつ》を起用した。孔明には、これをやぶる成算があったが、仲達がなかなかの軍略家であることを知っていたので、街亭《がいてい》の守備をかためなければならないと思った。街亭の山は蜀漢軍の糧秣《りょうまつ》輸送のための要地で、そこをおさえられると、前線活動が不能におちいるからである。孔明はだれにここを守らせたらよいか迷った。

このとき、街亭の山の守備を志願したのが馬謖《ばしょく》である。馬謖は孔明と親交のあった馬良《ばりょう》の弟で、有能の士であり、孔明もその将来に期待している人物であった。しかし、仲達を向うにまわすにしてはまだ若すぎる。孔明が躊躇《ちゅうちょ》していると、

「もし敗《やぶ》れましたら、軍律どおりの罰をうけますから」

という決死のたのみである。ついに孔明は馬謖の志願をききいれた。だが、結果はやはり凶とでた。街亭の山は三方が絶壁であり、一方だけが開けているので、孔明はそのふもとの道を守って魏軍をよせつけるなと命じたのだが、馬謖は山上に陣をしいた。有能なだけに、才気にまかせて地形を判断し、山上に陣どった方が、敵をおびきよせるのに好都合だと思ったのである。その結果、逆に魏軍に包囲されて水を絶たれ、

苦しまぎれに突撃して惨敗したのである。

馬謖の敗戦を知った孔明は、一時、兵をまとめて総退却した。そして、軍律どおりに馬謖を斬罪にした。

「馬謖は惜しい男である。しかし、惜しいからといって、私情をはさんで助けることは、彼のおかした罪以上の罪だ。馬謖をうしなうことは国家の損失だ。だが、斬らなければ軍律はみだれ、より大変なことになる。惜しい人物だからこそ、斬って大義を明らかにしなければならない」

刑吏《けいり》が馬謖をひきたてていくとき、孔明はただただ泣いていた。しかし、孔明が〈泣いて馬謖を斬る〉ことを断行したことによって蜀漢の軍は軍律をみだすことなく、ふたたび旺盛な士気をもって魏軍と戦ったのである。

虚心と寛容

親切が仇になって怨まれることのないように

「恩はよろしく淡よりして濃なるべし。濃を先にし淡を後にする者は、人その恵を忘る。威はよろしく厳よりして寛なるべし。寛を先にし厳を後にする者は、人その酷を怨む」前集167

恩恵を施すのには、はじめはすくなく、次第に多くするのがいい。はじめに多くして後ですくなくすると、相手は恩恵を受けていることを忘れて、冷遇されていると思ってしまう。

威厳を示すのには、はじめは厳格にして、次第に寛大にするのがいい。はじめに寛大にして後で厳格にすると、相手は苛酷にあつかわれたと思って、怨みをいだくようになる。

AさんとBさんは、東京の近郊に新しくできた住宅地で、隣りあって住んでいる。

まずAさんが移ってきて、すっかり土地に慣れて落着いたころに、Bさんも移ってきたのである。Aさんの奥さんは親切な人で、Bさんの奥さんが移ったばかりで土地の事情がわからず、いろいろ苦労しているのを見ると、どの店で買物するのが便利だとか、バスの停留所への近道はこれだとか、こまかいことまで教えてやった。そのため、Bさんの奥さんは早く土地に慣れることができた。Bさんの奥さんはこれを徳として、両家の間には親密な交際が結ばれた。

ところが、一年あまり過ぎたころから、両家の交際はつめたくなってしまった。

それは、Aさんの奥さんが、側溝掃除のときに、Bさんの奥さんに声をかけなかったことが原因である。その住宅地の側溝はU字溝であり、排水にやや難があるので、ときどき全部の家から人がでて、掃除する慣習になっていた。ある掃除の日に、Aさんの奥さんは、Bさんの奥さんも土地の生活に慣れたことではあり、側溝掃除の日時は回覧でまわっているので、あらためて連絡するまでもあるまいと思って、声をかけなかったのだ。ところが、たまたま、Bさんの奥さんはその回覧を見おとしていて、家でのうのうと過ごしてしまった。すると、Bさんの家から掃除にでなかったことで、非難めいたことを言う人があり、それがBさんの奥さんの耳にはいった。Bさんの奥さんは、自分が回覧を見おとしたことを忘れて、反射的にAさんの奥さんを怨んだ。

いままではいつでも声をかけてくれたのに、こんどは意地悪く声をかけてくれなかったと思ったからである。こんなことから両家の交際はつめたくなってしまったのだ。まさに、「恩はよろしく淡よりして濃なるべし。濃を先にし淡を後にする者は、人その恵を忘る」である。

ここに一つの生産会社がある。小企業ではあるが内容はよく、社員の教育もゆきとどいている。Cさんはその会社の課長であり、適度に威厳を保ちながら、実は人情味ある課長として部下を掌握してきた。ところが、世の中は求人難の時代となり、小さな生産会社などへの就職希望者はめっきり減少した。Cさんの会社でも、新入社員ゼロの年が二、三年つづいて、この春やっと、大学生を一人だけ採用することができた。その新人社員はCさんの課に配属された。Cさんは彼を大事にした。いや大事にするというより、甘やかして寛大すぎる態度でのぞんだ。例年なら、新入社員には特に課長としての威厳を示し、社内の規律に服して社業に邁進するように指導するのだが、なにしろ数年がかりで得た、たった一人の新入社員なので、きびしく扱いすぎて会社をやめられたら困ると思ったからである。だから、彼が遅刻や無断欠勤をしても、「若いころにはありがちなことさ」

と言って見のがしたし、仕事の上でへまをやっても、

「慣れればうまくできるさ」

と言うだけで叱らなかった。こうして半年ばかりたつと、彼は手のつけようのない社員になってしまい、他の社員からも苦情がでてきた。Cさんは自分のとった態度が誤りであったと反省し、なんとかして彼を立ち直らせてやろうと思って、懇切な訓戒をくりかえすとともに、こんどはきびしい態度でのぞんだ。しかし、彼は、それから間もなく会社をやめてしまった。Cさんの冷厳さを怨みながら。「威はよろしく厳よりして寛なるべし。寛を先にし厳を後にする者は、人その酷を怨む」とは、心すべき言葉である。

虚心にならなければ本性は見抜けない

「心虚《むな》しければ性現はる。心を息《やす》めずして性を見んことを求むるは、波を撥《ひら》きて月を覓《もと》むるがごとし。意浄《きよ》ければ心清し。意を了せずして心を明かにせんことを求むるは、鏡を索《もと》めて塵《ちり》を増すがごとし」前集168

雑念がなくて虚心であれば、天の理と合する本性があらわれる。虚心になろうとせずに本性を見ようとするのは、波を押しひらいて水面に浮かぶ月影を求めるようなもので、かえって波立たせてしまって、月影が求められないのと同様に、とても本性を見ることはできない。意図が本性にもとづいて清らかであれば、心も清らかである。意図を明らかにしようとせずに、心だけを明らかにしようと思うのは、鏡に姿を映そうと思いながら、その鏡に塵をふりかけるようなもので、姿を映しえないのと同様に、とても心を明らかにすることはできない。

古来、中国人の思想のなかには、人が生まれながらにしてもっているもの、すなわち天賦のものを性とよび、性は天の理と合するという考え方があり、本章はそれにもとづいての意見であろう。

人は生まれながらにして、純粋な性をもっており、その性を見失わずに、性のままに生きれば、天の理と合する理想的な人生をおくることができる。ところが、人はまた、その性をおおう雑念につながるもの、すなわち、情念・物欲や感覚ももっている。それらの作用によって雑念がわきおこれば、人は純粋な性を見失ってしまい、その人の人生はゆがんだものになる。そこで、情念・物欲や感覚がいかなるものであるかを見きわめて、その作用を制御し、雑念をなくする工夫が必要となる。

その工夫について、別の章に、

「一燈螢然《けいぜん》として万籟《ばんらい》声なし、これ吾人はじめて宴寂《えんせき》に入るの時なり。暁夢《ぎょうむ》はじめて醒《さ》めて群動いまだ起らず、これ吾人はじめて混沌《こんとん》を出づるのところなり。これに乗じて一念光を廻《めぐ》らし、炯然《けいぜん》として返照せば、はじめて知る、耳目口鼻はみな桎梏《しっこく》にして、情欲嗜好《しこう》はことごとく機械たるを」――燈火の光りもかすかで物音ひとつしない、このときこそ、われわれが安らかに静まって眠りにつくときである。早朝の夢からさめたばかりで、あらゆる活動がまだおこっていない、このときこそ、われわれが夢現《ゆめうつつ》の境からぬけだすときである。そのような虚心のときに、念慮の光りをめぐらして明々《あかあか》とわが心を照らしだしてみれば、耳目口鼻の感覚は、心を妄想に誘って苦しめる手かせ足かせであり、情念や物欲は、心を雑念のとりことするからくりであることが、はじめてわかるだろう――前集145

とある。つまり、深夜、早朝に心を見つめて反省することの重要性を説いているわけであるが、これは、性が天の理と合するか否か、性のままに生きれば、理想的な人生がおくれるか、否か、などは別問題として、現代に生きるわれわれとして、傾聴すべき意見であろう。

現代はさまざまな物品が街《まち》にあふれて物欲を刺戟《しげき》し、情報が過多で応接にいとまのない時代であり、現代に生きるわれわれは、心を外にひかれがちで、落ち着いて本心を見つめがたい状況におかれている。従って、われわれの生活は、うっかりすると、浮き草同然の浮薄なものになってしまう。そこで、真剣に生活しようとすれば、どうしても、まず、しばしば外との関連を打ち切って、内心をかえりみる必要がある。そして、それには、深夜と早朝こそ最適のときであろう。

虚心にしてはじめて本当のことがわかる

「風、疎竹にきたる、風過ぎて竹に声を留めず。雁《がん》、寒潭《かんたん》をわたる、雁去りて潭に影を留めず。故に、君子は、事きたりて心始めて現はれ、事去りて心随《したが》ひて空し」

前集82

風がまばらな竹林に吹いてくると、竹の葉はざわざわと音をたてるが、風が吹きぬけてしまうと、音はやんで竹林はもとの静けさにかえる。雁が澄みきった淵の上をわたると、淵は雁の影を映すが、雁が飛び去ってしまうと、影は消えて淵はもとの澄みきった状態にかえる。それと同様に、人は修養をつんで、事が起こって始めて心がそれに対応して正確に事態を把握し、事が終れば心がすぐにそれを離れて、いつまでも執着しないようになりたいものだ。

われわれは、うっかりすると先入観にとらわれて失敗する。たとえば、たった一度の交渉で信用できないと思った人が、ある事をはじめると、あの人がやることだからろくな事ではなかろうと思う。ところが、それが立派な事であったと後でわかるようなことがある。また、情にもろい人が情にとらわれ、理智の勝った人が、理智を恃《たの》んで、はじめから正当に事に対応できないような態度でいることもある。いずれにしても、それは、処世の上で好ましいことではない。大切なのは虚心に事に対する態度であり、それが「事きたりて心始めて現は」るということである。

また、われわれは、うっかりすると事に執着して失敗する。

たとえば、仕事熱心な会社員が、会社の仕事についてすばらしい企画をたてたとする。ところが、上役はそれを平凡な企画だと解釈して取りあげない。すると、彼はいつまでもその事に執着して上役を怨み、はては仕事そのものに対する情熱をも失って、無気力な会社員に転落してしまうというようなことがある。これも処世の上で好ましいことではない。事が終ったら、それが自分にとって有利であろうと不利であろうと、さらりとその事を離れて虚心にたちかえり、つぎに起こる事に対して、正当に応じたいものである。それが「事去りて心随ひて空し」ということである。

治世・乱世・叔季における生き方

「治世に処するには、よろしく方《ほう》なるべく、乱世に処するには、よろしく円《えん》なるべく、叔季《しゅくき》の世に処するには、まさに方円ならび用ふべし。善人を待つには、よろしく寛なるべく、悪人を待つには、よろしく厳なるべく、庸衆《ようしゅう》の人を待つには、まさに寛厳たがいに存すべし」前集50

道理が道理としてとおる、よく治まった世に処するには、方正な生活態度を持するのがよい。

道理が道理としてとおらぬ、乱れた世に処するには、角ばらない生活態度をとるのがよい。

乱世ほどではなくても、道徳のすたれた世に処するには、方円の両者を並用して、時と場合により、あるいは方正な態度でのぞみ、あるいは角ばらない態度でのぞむのがよい。

また、善人には寛大な態度で対して、その善を助長するのがよく、悪人には厳格な態度で対して、その悪を叱正するのがよく、中間の普通の人に対しては、寛厳の両者を持して、あるときには寛大にしてその善を助長し、あるときには厳格にしてその悪を叱正するのがよい。

人は、みずからの課題としては、常に方正を追求し、善を追求すべきである。しかし、処世の法としては、状勢に応じ、相手によって、態度を変える必要がある。人をみて法を説くのは、一本調子では対処できない世の中の通則である。

治世においては、道理が道理としてとおる。人が、道理にもとづいて言うべきことを言い、おこなうべきことをおこなえば、それは、そのまま世を裨益《ひえき》し、人々を裨益する。だから、方正な生活態度を持して直進するのがよいのである。

ところが、乱世においては、道理が道理としてとおらない。方正に身を持して言うべきことを言い、おこなうべきことをおこなっても、それは、むなしく消えうせるばかりでなく、曲解され、歪曲《わいきょく》されて、思わぬ禍をこうむらないともかぎらない。方正の心を内に秘めつつ、角ばらない生活態度をとって、乱世のすぎさる時機を待つのがよいのである。

ところで、人の世には、治世もあり乱世もあるが、その中間の叔季の世（澆季《ぎょうき》の世）――道徳のすたれた世がある。いや、大部分がそれだろう。それは、乱世ではないが、決して治世とはいえない。現代の日本もそれだろう。そこでは、道理が道理としてとおることもあるが、とおらないこともある。だから、方正を追求しつづけることは勿論《もちろん》であるが、何を言い、どうおこなうかは、時と場合を考えてきめるべきなのである。

人に対する場合には、やはり、相手を見なければならない。みずからは常に善を追求することを前提として、善人、悪人、庸人に対しては、本章に説かれているように、それぞれの対し方があるわけである。

本章に説かれている乱世への処し方については、消極的すぎて、なまぬるいと感じる人があるかもしれない。もっと、敢然として方正な生活態度を堅持し、乱世を治世に転換させる努力をすべきで、身の保全など考えるべきではないと思う人があるかもしれない。筆者も全くそう思わないわけではないが、本章の主旨をよりよく理解していただくために、つぎの話を書きそえておく。

――昭和十八年（一九四三年）の終りから、二十一年の夏まで、つまり、第二次大戦の終戦をはさんだ約三年間、わたしは、満州（東北地区）のある会社の社員であり、大陸生活を送っていた。

同僚の中国人たちとも、次第になじみになり、たんに挨拶をかわすだけでなく、かなり突込んだ話をしあう者も数人できた。

なかでもFさんとは一番よく話した。Fさんは、わたしより幾つか年上で、日本に留学したこともあり、温厚な紳士だった。ある日曜日の午後、中国人街の古本屋を案内してもらった帰途、二人は公園のベンチで休んだ。

やがて夕ぐれのせまるころで、公園のなかは閑散としていて、ほとんど人影はなかった。

例によって、Fさんから中国のことをいろいろ聞いているうちに、たまたま日本の満州統治が話題になった。

当時は、いうまでもなく、満州国なるものがあり、おもてむきは満州国政府が満州を統治していることになっていたが、実は日本が統治していたのである。わたしは不勉強で、その間の事情をよく知らなかった。そして、単純に、日本と満州国とは兄弟の国だと信じこんでいたのである。そのようなわたしにとって、Fさんの話の内容は全く意外のことだった。

Fさんは、多くの事例をあげて、中国人が日本の侵略的統治によって受けている苦痛と、そのことに対する中国人の憤懣《ふんまん》を話してくれたわけだが、わたしはそれを素直に理解するまえに、感情的な反撥《はんぱつ》を感じて言った。

「もし、それが本当なら、どうしてあなたはおとなしく服従しているのですか。すぐに皆と力をあわせて反抗したらよいではないですか」

Fさんは憐れみの色をうかべて、静かに答えた。

「いまはできません。日本の力が強いのですから」

「いつになったらできるのですか。あなたが生きているうちに、必ずできるのですか」

たたみかけるようなわたしの問いに、やはり静かな答えがかえってきた。

「それはわかりません。しかし、わたしの生涯でできなかったら、わたしの子がやるでしょう。あるいは、孫がやるでしょう」

一瞬、わたしは頭から冷水をあびせられたような気がした。そして、茫然としてF

さんを見つめたことだった。
あのとき、わたしが冷水をあびせられたような気がしたのは、Fさんの日本に対する怨念の深さにおびえたからではない。ある状況から生まれた念願を成就しようとする場合、じっくりと腰をすえて、状況を見さだめ、いかなる困難や障害にあっても、目標を見失わず、忍びながら、息ながく追求していく思考・生活の態度に驚いたのである。

一代でだめならば二代がかりでもやる、二代で足りなければ三代がかりでも成しとげよう、いや、成しとげないではおかない――

Fさんの語調からは、そうした悠大な気迫が感ぜられたのだ。それは、とにもかくにも自分の力で何事かを成しとげた、と自認できなければ気がすまず、そのために眼さきの利害に気をひかれ、一時の小成に眼がくらんで、窮極《きゅうきょく》の目標を見失ってしまうような、せせこましい考え方ではなかったのである――。

人は外見では価値はきまらない

「われ貴くして人これを奉ずるは、この峨冠《がかん》・大帯を奉ずるなり。われ賤《いや》しくして人これを侮るは、この布衣《ふい》・草履を侮るなり。然らば、すなはち、もとわれを奉ずるにあらず、われなんぞ喜びをなさん。もとわれを侮るにあらず、われなんぞ怒りをなさん」前集169

自分が高い地位にあるときに人々が自分を尊敬するのは、わが身につけている高い冠や幅のひろい帯、つまり、高官者の礼服のためである。また、自分が低い地位にあるときに人々が自分を軽蔑するのは、わが身につけている粗末な衣服やわらぐつのためである。そうだとすれば、自分の人格について尊敬するのでもなければ、軽蔑するのでもないのだから、喜ぶにもあたらないし、また、怒るにもあたらない。

山本周五郎の小説に、『しじみ河岸』というのがある。若い与力が、しじみ河岸でおこった事件の解明に、たいへんな努力をかさねるのだが、一向にそこの住民の協力を得られない。そしてあるとき、その協力を得られない理由を、船番のじいさんからきかされる。

——「どんなに旦那がおっしゃっても、みんなは決してお力にはなりません。たとえなにか知っているにしても、それを言う者は決してありゃしませんから」

「……自分たちがなにを言ってもむだだ、ということをよく知っているからです」

「われわれのような、その日の食にも困っている人間どもは、なにを言っても世間には通用しません」

「仮りに旦那にしたってそうでしょう。土蔵付きの大きな家に住んで、財産があって、絹物かなんぞを着ている人の言うことと、その日稼ぎの、いつも腹をへらしている人足の言うことと、どっちを信用なさいますか？　いや、お返辞はわかっています」

そうなのだ。これが世間の人情というものなのだ。地位もあり、財産もある人は、尊重され信用され、その日ぐらしの貧乏人は、軽侮され信用されない。そして、その場合、人間の人格は問題にされない。高潔な人格に対して敬意がはらわれるわけでもなく、卑劣な人格に対して軽侮が与えられるわけでもない。

人間の本質的なものは問題にされずに、外側だけがとりあげられるのだ。尊敬されたからといって喜ぶにはあたらないし、軽侮されたからといって怒るにもあたらない。

むかし、一世の高徳と仰がれた一休禅師が、ある檀家に招かれたとき、よれよれの衣を着ていったら門前ばらいをくわされ、紫の衣に改めていったら鄭重《ていちょう》に座敷に通された。すると、禅師は家人の面前で紫衣をぬぎ、それに向ってうやうやしげに頭をさげて、

「あなたがたは、このわたしを招いたのではなく、ただこの紫衣を招いたのでしょう」

と言ったという話があるが、この気合いこそ、人間にとって大切なものだと思う。

このことが理解できれば、どんな境遇にある人にも救わるべき道がひらけるだろう。

そして、庶民の一人一人が、人間の本質的なものに眼をひらいていけば、「世間の人情」も変わり、もっと住みやすい世の中になるだろう。

苦難を共にすることはできるが、安楽を共にはできない

「まさに人と過を同じくすべきも、まさに人と功を同じくすべからず。功を同じく

すれば、相忌《い》む。人と患難を共にすべきも、人と安楽を共にすべからず。安楽なれば、相仇《あだ》とす」前集141

人と共同で事をおこない、失敗した場合には、その責任を分担しあうことはできるが、成功した場合には、その功績を共有することはなかなかむずかしい。うっかり共有すれば、たがいに相手を邪魔者と思う心が生じる。また、人と協力して艱難《かんなん》にあたることはできるが、その艱難を乗りこえたとき、安楽を共にすることはむずかしい。うっかり安楽を共にすれば、たがいに仇敵視するようになる。

人と共同で事をおこなって失敗する――この場合には、名実ともに益がないし、責任のなすりあいをしても、泥仕合になるだけで、ますます世間から軽視される結果になるので、よほどケチな根性の人ならともかく、普通の良識の持ち主なら、おそらく失敗の責任を分担しあうだろう。

ところが、成功した場合には、かえって厄介である。なにしろ名実ともに益があるわけだから、普通の良識をそなえて、善意で共同してきた人でも、功績を独占したい欲が生じ、たがいに相手を邪魔に思い、ともすると仲たがいをしかねない。そうならないためには、どちらかが謙譲の態度をとって、一歩退いて身を持することが肝要であろう。

それは、協力して艱難にあたる場合も、全く同様である。頼朝《よりとも》と義経《よしつね》は、ともに平氏に苦しめられたが、幸いに命をながらえ、緊密な協力のもとに、さまざまの苦難を乗りきり、ついに平氏をほろぼして源氏の世にした。だが、たちまち仲たがいして、義経は頼朝に滅ぼされてしまった。

これは、頼朝の冷厳な人がらにもよるが、決してそれだけではなかったのである。もし、義経がその聡明さを生かして、一歩も二歩も退いて身を持していたら、あのような悲惨な最期をとげずにすんだのではなかろうか。

この点に関しては、いろいろな事情の相違を計算にいれても、范蠡《はんれい》ははるかに賢明であった。范蠡が、呉《ご》にやぶれた越《えつ》王句践《こうせん》につかえて、句践と力を合せ、深謀をめぐらして、二十余年の後についに呉をほろぼした話は、あまりにも有名である。ところで、栄誉にかがやく上将軍として越に凱旋した范蠡は、大なる名声のもとには久しくおりがたく、身も危いことを熟知しており、さらに、句践の人がらは、憂患を共にすることはできるが、共に安居することは困難だと見抜いて、句践が国を分けあって保有しようという優遇策を示したにもかかわらず、それを振りきって越を去り、陶《とう》(地名）を安住の地として、陶朱公《とうしゅ》と称し、富裕な晩年をおくったのである。

「功を同じくすれば、相忌む」、「安楽なれば、相仇とす」――まさに銘記すべき言葉である。

せっかちに物を判断したり追求すると間違いがおきる

「事は、これを急にして白《あきらか》ならざるものあり、これを寛にせば或《あるい》はおのづから明ならん、躁急《そうきゅう》にして以てその忿《いかり》をまねくことなかれ。人は、これを操《と》りて従はざるものあり、これを縦《はな》てば或はおのづから化せん、操ること切にして以てその頑《かたくな》を益すことなかれ」前集152

多くの物事のなかには、大いに努力して急速に解明しようとしても、どうしても真相が明らかにならないことがある。ところが、ゆっくりかまえていると、時間の経過につれて自然と明らかになることもある。だから、せきこんで詮索しすぎたり、解明のために人々をせきたてすぎたりして、人々に迷惑をかけ、その怒りをまねいてはならない。

また、多くの人のなかには、こちらの思いどおりに使おうとしても、どうしても言うことを聞かない者がある。ところが、その人の自由にまかせておくと、自然に変わってこちらの意向に従うようになることもあるから、むりやりに使おうとして、その人をますます片意地な気持ちに追いこんではならない。

ある大学教師がこんなことを語ってくれた。

「ほとんど毎年のことだが、夏休みの前後になると、その春に送りだした何人かの卒業生から、転職したいという相談をうける。聞いてみると、仕事の内容が自分にあわないとか、職場の雰囲気にどうしてもなじめないとか、理由はいろいろだが、そして、それは彼らの側に反省すべき点が多いのだが、課長や係長など直接の上司が、新入社員をあまりに性急にその会社の社員らしく教育しようとする点にも問題があるようだ。課長や係長は、当然、新入社員のためを思ってそうするのだろうが、新入社員にしてみれば、それも、かなりはっきりした個性を持った面白い連中は、やみくもに型にはめられるような気がして、ただもう反撥《はんぱつ》してしまうわけだ。各人の個性なども考えて、もっと時間をかけて気長にやってもらえると、だいぶ事情が変わると思うのだがね」

どうも、われわれ日本人には、白か黒かをはっきりさせて、白なら白、黒なら黒で、スパッと割切ってしまいたい気質が強いようだ。そのために、物事を性急に解決しようとする傾向があるが、それでは、かえって本当の解決にはならない。冬の寒気のなかでは、いくら望んでも花は咲かないが、春風とともにみなぎる陽気のなかでは、咲くなと言っても花は咲くのである。悠然と腰をすえて事の真相を究明する態度、それが、われわれに欠けているのではなかろうか。

正しい判断は事後の状況を考えることから生まれる

「飽後に味を思へば、濃淡の境すべて消え、色後に婬《いん》を思へば、男女の見《けん》ことごとく絶ゆ。故に、人、常に事後の悔悟を以て臨事の痴迷を破らば、性定まりて動くこと正しからざるはなし」前集26

腹いっぱいに食事して後に、食物の味について考えてみても、うまい、まずい、の区別はなくなり、何か食べたいとは思わない。また、房事《セックス》を終った後で、色欲について考えてみても、男女の交渉に関する意識はなくなり、すぐにまた交渉したいとは思わない。

およそ、快楽や欲望は、それが満たされた後には、索漠《さくばく》とした気まずさにおちいるものである。そこで、人は、事が終った後に生ずる気まずさを念頭に浮かべることによって、まさに事をおこなおうとするときの、おろかな迷いを打ち破れば、本心は定まって、行動はすべて正しいものになるだろう。

欲望をすべておさえてしまったら、人は、精神的にも肉体的にもまいってしまうだろう。また、欲望を野ばなしにしたら、やはり、同じ結果になるだろう。そこで、欲望の調節が人にとって大きな問題になる。

たとえば、酒の好きな人は、酒を飲まずにはいられない。一日の仕事をおわって飲む適量の酒は、その人の明日の活力を養う。なにかの事情で酒の飲めない日がつづけば、その人は心身ともに無気力になってしまう。しかし、また朝から晩まで酒を飲んでいたのでは、その人は、やはり、心身ともにだめになってしまう。酒を飲むことの調節は、その人にとって大きな問題なのである。

ところで、その酒好きな人が期限づきの大きな仕事をかかえていたとする。彼はその仕事を仕上げることを自分の使命と感じて、酒をひかえながら、長期にわたって努力をかさね、どうやら期限までに仕上げる見込みがついた。そのとき、もう大丈夫だという安心感から、ふと彼は酒を飲みたいなと思った。すると、もう、どうしてもこらえきれなくなり、「仕事が仕上がる前祝いだ」とか、「一日ぐらい休養してもいいさ」とか、勝手な理窟をつけて、仕事を中断して杯を手にした。それでも、はじめのうちは、適量で切りあげようと自分に言いきかせていたのだが、飲んでいるうちにとめどがなくなった。こうして一夜明けてからは、酒の誘惑が強くなって、仕事はさっぱりはかどらず、そのうちに、仕上がる筈《はず》が仕上がらない焦《あせ》りも加わり、それをまぎらわすためにまた酒を飲むような状態になって、とうとう期限までに仕上げることができず、人からも信用を失ったが、自分で自分にあいそをつかす気持ちに追いこまれてしまった。——こうなっては大変なのだ。だから、彼はあの酒を飲むまえに、飲んだらどうなるかを考えるべきだったのだ。しかし、それは、相当にむずかしい。「常に事後の悔悟を以て臨事の痴迷を破」るようになり得るのは、あるいは、事後の気まずさを何回か経験してからかもしれない。

正しい意見を曲げてまで人の歓心を買うな

「意を曲げて人をして喜ばしむるは、躬《み》を直くして人をして忌《い》ましむるにしかず。善なくして人の誉《よ》をいたすは、悪なくして人の毀《き》をいたすにしかず」前集112

自分が正しいと思う意見をまげて人の歓心を買うよりは、正しいと思う意見どおりに正直に言動して、人からきらわれる方がましである。善事をおこなわないのに人からほめられるよりは、悪事をおこなわないのに人から悪口をいわれる方がましである。

人は、それぞれ、正しいと信ずるところに従って生きるべきだ。誰かが正しいと言っても、そのままそれに従うのでは、自分が生きることにはならない。

たった一度しかない人生を、そのようにして生きるのでは、まことにもったいない話である。まして、人の歓心を買うために、自分の正しいと思う意見をまげるのでは、話にもなにもならない。正しいと信じたことは、それが正しくないとわかったときに、はじめて従うことをやめるべきで、それまでは、人が喜ぼうが、きらおうが、堅持すべきなのだ。人は問題ではない。みずから内に省みることが肝要なのだ。そうであってこそ、自分の人生を自分で生きているといえるだろう。

ただ、ここで考えなければならないことがある。それは、正しいと思う意見をつらぬくことと、人情の自然との関係である。人の歓心を買うためとか、力関係に屈服したために、正しいと思う意見をまげるのは論外であるが、人情の自然にさからってまで、その正しさをとおそうとすると、せっかくの正しさが色あせてしまうということである。

――むかし、葉《しょう》という小国の殿さまが、孔子にむかって、

「わたしの方に、実に正直な者がいる。父が羊を盗んだのを、その子が証明したのだ」

とほこらしげに話した。すると、孔子は言った。

「わたくしたちの方の正直者は、それとはちょっと違います。父は子のためにその罪をかくし、子は父のためにその罪をかくします。正しさはそうしたことのなかに自然と存在するのです」――

本章について考える場合には、この話をもあわせて考えるべきであろう。

人からほめられようとして善事をおこなうのは、いかにもさもしいことである。それと比べれば、善事をおこなわないのに人からほめられる方が、まだいいかもしれない。だがそれは、実がなくて名だけがあるわけで、これも、決してよいことではない。そのために、ちょっとでも喜ぶ気持ちがきざせば、もともと実のないことなのだから、浮薄な生活に迷いこまないともかぎらない。

それよりも、悪事をおこなわないのに人から悪口をいわれる方がいい。根もないことを言いたてた咎《とが》は人にあるし、自分の不徳を反省する機会にもなることだから。

人が疑っても自分の信ずることを捨てるな

「群疑によりて独見を阻《はば》むことなかれ。己《おのれ》の意に任《まか》せて人の言を廃することなかれ。小恵を私して大体を傷《やぶ》ることなかれ。公論を借りて私情を快くすることなかれ」

前集130

多くの人が疑いをもつからといって、自分の信ずる正しい意見を捨ててはならない。我意をはって、他人の正しい言葉を聞きいれないようなことはしてはならない。私的な関係で結ばれた小さな恩恵によって、大局をそこなったりしてはならない。世論の力を借りて他人を攻撃し、私情を満足させるようなことはしてはならない。

ある事について、これこそ正しいと信ずるに至るには、相応の理由があるはずである。その理由がくつがえされないならば、いくら多くの人が疑いをもっても、自分の意見をまげるべきではない。そして、その事が自分一身に関することであるならば、あくまでも自分の信ずる意見にもとづいて遂行すべきである。周囲の人々全体に関することで、全体の協議によって解決すべきことであるならば、自分が信ずる理由を明らかに示して意見を主張し、正しい解決に最大の努力をはらった後、全体の決定に喜んで服すべきであろう。

もし、自分の意見をささえている理由が不当であったとわかったならば、その意見はいさぎよく撤回すべきである。その際、自分でその不当に気づいた場合には、比較的らくに撤回できるが、人から指摘された場合には、ともすると意地になったりするから、冷静に対処することが大切である。

もし、指摘した人が、日ごろから虫が好かないと思っている人だったりすると、感情的にさえなって反論することもあるが、そうなっては、自分で自分をだめにするばかりである。だから、そうならないように、平生、正しいと認める訓練、正しいことは誰が主張しても正しいとして受けとることのできる訓練を、自らに課すべきであろう。気にくわない人の発言は、はじめからよく聞く気がないなどというのでは、ますます狭小な見解におちいるだけである。

また、私的な恩恵を施したり、施されたりすることは、日常生活において普通のことである。それは、人にとって自然のことであり、ある程度までは、むしろ、なくてはならないことであろう。しかし、恩恵を施したことを強調して、公的な場面で相手の言動をしばったり、恩恵を施されたことに執着して、公的な場面で相手に忠義だてをしたりして、大局をそこなってはならない。

また、私的生活の面で、人に怨みをいだいても、世論の力を借りてうっぷんをはらしたりしてはならない。公は公、私は私であり、公私の別は常に保つべきなのである。

第六章　真の愛と幸せとは何か

地位と名誉
金持と欲望
貧乏と雅趣
感謝と善行
幸福と成功

地位と名誉

名誉・美節はだれでも独占したがるが……

「完名美節は、よろしくひとり任ずべからず、些《さ》を分ちて人に与ふれば、以て害を遠ざけ身を全うすべし、辱行汚名は、よろしく全く推すべからず、些を引きて己に帰すれば、以て光を韜《つつ》み徳を養ふべし」前集19

完全な名誉や美しい節義は、独占すべきではない。その一部分でも人に分け与えれば、危害を遠ざけて身を全うすることができる。

また、恥じとなる行為や汚らわしい評判は、全部を人におしつけるべきではない。その一部分でも引き受けて自分の責任にすれば、人に対しては自分の才能をつつみかくし、徳を身につけることができる。

Aさんは B先生の弟子である。B先生はすぐれた学者で、弟子に対する学問的な指導も熱心である。Aさんはもともと勉強家であり、加えてB先生の適切な指導をうけたので、着々と学力がついた。そして、次第に研究活動をおこなうようになったのだが、そのころになって、Aさんの心に一つの不満がわいた。

というのは、ときどきB先生の研究を部分的に手伝わされることがあるのだが、Aさんが苦心して調査研究し、独創的な見解をうちだして報告すると、それが先生の大きな研究のなかに組みこまれて、研究の成果全体が先生の名で発表されるからである。

つまり、Aさんにしてみれば、先生の研究の手助けができたことは嬉しいのだが、そして、共同研究者として自分の名を大書してもらいたいとは思わないのだが、せめて自分の独創にかかわる点については断《ことわ》り書《がき》をしてもらいたかったのである。この不満がつもるにつれて、AさんのB先生に対する尊敬の念は薄らいでいった。

Yさんは乙先生の弟子である。Z先生もB先生と同様にすぐれた学者であり、弟子に対する指導も熱心である。YさんもAさん同様に学力がついた。Yさんが一つ二つと論文を書きあげると――そのなかにはZ先生から示唆をうけて択んだテーマもあり、内容的にも教えをうけたものがあったのだが――そのたびにZ先生は発表の便宜をはかってやり、学界に対しては、Yさんの独創能力をたたえ、Yさんに対しては研究の不備な点をきびしく指摘して、さらに考究するようにと激励するのだった。そして、もし、誰かがYさんの論文の不備な点を責めると、自分の指導が悪かった結果だとして、その叱正をYさんとともに受けるのだった。やがて、Yさんは一人前の学者に成長したが、そのころには、YさんのZ先生に対する尊敬の念はゆるぎないものになっていた。

名誉は誰もがほしい。不名誉は誰もがうけたがらない。なかには、他人とともに事をおこなって成功すると、他人の労をそっちのけにして、成功の名誉を独占したがる人がいる。そういう人は、事が失敗した場合には、失敗の責任をすべて他人におしつけようとする人でもある。

こんな人は、謙遜に徳を養うことはできないだろうし、いつかは人々の怨みをうけて身をほろぼすはめにはならないともかぎらない。

ところで、われわれは、こんな人を頭から軽蔑することができるだろうか。誰でも多少ともこの人のような傾向を、心の底にもっているのではなかろうか。Z先生とまではいかなくてもいいが、名誉は自分の功労によって得たものであっても、すこしは人に分け与えてやる心境に到達したいものだし、不名誉は他人がすべて招いたものであっても、すこしは自分がかぶってやる心境に到達したいものだ。これができれば、謙遜に徳を養い、人からの怨みをうけることなく、身を全うすることができるだろう。

利他の念がなければ、どんなに高い地位にいても価値はない

「春至り時和《やわら》げば、花なほ一段の好色を鋪《し》き、鳥かつ幾句の好音を囀《てん》ず。士君子、幸に頭角を列し、また温飽《おんぽう》に遇ふ。好言を立て好事を行ふを思はざれば、これ世に在ること百年なりと雖《いえど》も、あたかもいまだ一日を生きざるに似たり」前集60

春になって気候があたたかになると、花でさえも一段と美しい色どりをつらね、鳥でさえもさまざまの美しい音色でさえずる。人も、幸いに、相当の地位にのぼり、衣食の満ち足りた身分になったならば、世のため人のために有用な言説をはき、有用な事業をおこなうことを考えないと、百年の長寿を保ったとしても、たった一日を生きた価値もないことになってしまうだろう。

江は碧《みどり》に　鳥いよいよ白く
山青くして　花もえんと欲す
今春　まのあたりまた過ぐ
なんの日か　これ帰年

〈大川は雪どけの水を加えて水かさを増し、ふかみどりをたたえて流れている。その上を飛ぶ白鳥はますます白く見える。眼を流れにのぞむ山々に転ずれば、新緑はいっせいに萌えでて、その新緑をぬって花は赤々と咲きほこっている。ああ、春だ。今年もまた春はめぐってきたが、とどめる術《すべ》もないままに、わたしが凝視する前を過ぎ去っていく。思えば、一昨年も昨年も、春はこのようにして去っていった。今年もまた去っていく。いったい、いつになったら都に帰れる日がくるのだろうか〉

これは、杜甫《とほ》の『絶句二首』のうちの一首である。杜甫が中国が生んだ偉大な詩人であることは、いまさら言うまでもあるまい。唐《とう》の玄宗《げんそう》（皇帝）の末年に、ささやかな官吏《かんり》の地位を得た杜甫は、やがて起こった安禄山の乱のために、長安の都をはなれて、中国の西南地方をさまよわなければならなかった。そうしたさすらいの旅をつづける杜甫は、常に都に帰る日を待ち望んだ。それは、この詩にも明らかに看取できる。杜甫が都に帰ることを切望した理由の一つは、官史の生活に復帰することにあった。たとえ、それがささやかな地位であっても、その地位によって苦しみの多い人々のために役立ちたかったのである。杜甫はその誠実な人格の故に、官吏の地位をそのように解していたのだ。残念ながら、彼の都へ帰りたいという希望はかなえられず、旅先きで生涯を終ったのだが、官吏生活への復帰を願ったのと同じ誠実さから、多くのすぐれた詩が残ったのである。

地位には権力がともなう。その権力を正当に行使して、世のため人のために挺身《ていしん》するか、権力の上にあぐらをかいて、のうのうと暮らすか、権力をよこしまに行使して、私利私欲をはかるか、これは、その地位にある間だけの問題ではない。人の一生を左右する問題である。

地位も名誉もないことの楽しみ

「人は名位の楽しみたるを知りて、名なく位なきの楽しみの最も真たるを知らず。人は饑寒《きかん》の憂ひたるを知りて、饑《う》えず寒《こご》えざるの憂ひのさらに甚しとなすを知らず」前集66

世間の人は、名誉を得たり高い地位についたりするのが楽しいことだとは知っているが、名誉もなければ地位もない世界に安住する者の楽しみが、最上の楽しみであることを知らない。また、饑《う》えても食物がなく、寒《こご》えても衣服のない貧賤《ひんせん》な生活が、つらい悩みに満ちたものだとは知っているが、財貨が豊かで、饑えもせず寒えもしない富貴な生活のなかにある悩みが、より一層つらいものであることを知らない。

名誉や地位を得るために、人は人格をみがき、識見を高めることができる。また、すでに得た名誉や地位にふさわしく、世のため人のために活動することもできる。すなわち、名誉や地位を得ることは楽しい。しかし、名誉や地位にとらわれすぎると、楽しみは消える。たとえば、不正な手段にうったえても名誉や地位を得ようとして、邪念のとりこになる。そうなっては、かりに、それを得たとしても、不正の露顕《ろけん》が気になって、楽しんでばかりはいられないだろう。また、すでに得た名誉や地位を守ろうとして、何事につけても消極的になり、世のため人のために活動することも忘れてしまう。これでは、せっかく名誉や地位を得ても、かえってそれが重荷になり、楽しむどころではないだろう。

ところが、人格をみがき、識見を高めることに専念する人がある。彼は常に自分を充実する楽しみのなかで生活し、名誉や地位はまったく眼中にない。だから、それを得ることができなくても何とも思わないし、たまたま、それを得ても、すこしもそれに拘束されることなく生活し、それを失っても、別に苦しみも悲しみもない。依然として自分を充実することを楽しみつづける。これが、人にとって本当の、そして最上の楽しみなのだ。

衣食にこと欠く貧賤な生活は、たしかにつらい。多少なりとも、そうした生活をしたことのある人は、饑えもせず寒えもしない生活を楽しいと思う。まして、財貨の満ち足りた富貴な生活ともなれば、悩みなどの一切ない楽しいものだろうと思う。

ところが、富貴な生活にも悩みはある。たとえば、ひとくちに富貴といっても幾重《いくえ》もの格差があり、下の者は上の者に対してまったく頭があがらない。それは、大会社の社長と、そこから仕事をもらっている小会社の社長との関係を思い浮かべてみれば、すぐに了解できるだろう。だから、いかめしい礼服を着用し、食事には山海の珍味をそなえる富貴の人が、そのような生活をつづける必要上、より上位の人に対して、奴隷的ともいうべき追従に明け暮れて、気概もなにも失ってしまった例は、歴史上に決してすくなくない。

これを、貧賤な人が世の蔑視をうけながら、困苦に耐え、そうした境遇だからこそ、逆に気力をふるって生きぬく過程のなかで、自分を充実していく姿と比べてみれば、富貴な生活にともなう悩みが、いかに深刻であるかがわかるだろう。

地位をえたものの賢明な生き方

「士君子、権門要路に処《お》れば、操履《そうり》は厳明なるを要し、心気は和易なるを要す。少しも随《ほしいまま》にして腥羶《せいせん》の党に近づくことなかれ。また、過激にして蜂蠆《ほうたい》の毒を犯すことなかれ」前集174

権勢を身につけ、重要な高位についた場合には、心ある人としては、言動をきびしく慎しんで、公明正大にふるまい、しかも、誰とでも親しみやすい、なごやかな心を保つことが肝要である。ほんのすこしでも気を許して、もっぱら私利私欲をはかる汚れた連中に近づいてはならない。また、あまりに激しく正善をおこなって、蜂やさそりのようなつまらぬ連中の毒針にさされてはならない。

心ある人は、みずから望んで重要な地位につこうとはしないが、諸般の事情から、どうしても高位につき、権勢の座に身を置いて、為政者として世のために活躍しなければならないこともある。そうした場合には、主義主張を明らかにして、公明正大にふるまうべきであり、そのためには、自分の言動はきびしく慎しまなければならないが、心はなごやかに保って、誰の意見でも平静に聞き、誰とでも親しむ気さくさを失ってはならない。権勢の座の周囲には、とかく私利私欲のみをはかる汚れた連中が集まるものであり、言動をきびしく慎しむことを忘れると、ついその連中に乗ぜられるすきをつくり、自分自身も汚されて、せっかく主義主張を明らかにしても、それにもとづいて、公明正大にふるまうことができなくなる。

また、心をなごやかに保たないと、せっかく正善を目指しても、ついあまりに激しくそれを推進することになり、いたずらにつまらぬ連中の反抗をうけ、そのために失脚しないともかぎらない。そうなっては、自分のための一大事であるばかりでなく、世のためにもマイナスの結果が残るわけで、何のためにわざわざ重要な高位についたのかわからなくなってしまう。これでは、心ある人の所行とは言えまい。

為政者は、みずからをきびしく正善に置くとともに、その正善によって世を指導する使命をもっているわけであり、この二点を遂行するためには、慎重のうえにも慎重を期さなければなるまい。

金持と欲望

利につくは人の通弊

「饑《う》うれば附き、飽けば颺《あが》り、燠《あたたか》なれば趨《おもむ》き、寒ければ棄《う》つ。人情の通患なり。君子はよろしくまさに冷眼を浄拭《じょうしょく》すべし。慎んで軽がるしく剛腸を動かすことなかれ」前集143

貧乏して食えなくなると付き従ってき、食えるようになると飛び去ってしまう。こちらが栄えているとやってくるが、衰えると寄りつかない。これが、一般の人情の通患である。心ある人は、眼をぬぐって、そのことを冷静に見すえるべきである。そして、慎重にかまえて、かるがるしく心を動かしてはならない。

中国の戦国時代、斉《せい》の孟嘗君《もうしょうくん》が三千余人の食客をかかえていたことは有名な話である。

孟嘗君は、もともと斉国の王族であり、湣《びん》王のときに宰相をつとめた。人物を愛して一芸一能の士をあつめ、そのために食客が三千余人にのぼったのである。さて、孟嘗君が宰相のころ、馮驩《ふうかん》という食客がいたが、べつだん役に立つ風にも見えなかったので、孟嘗君も厚遇はしなかった。ところが、そのうちに孟嘗君に対する中傷がおこった。斉と国戚を争っていた秦《しん》や楚《そ》が、有能な孟嘗君を失脚させて斉を弱めようとしたのである。

斉の湣王は秦・楚からの中傷にまどわされて、孟嘗君の名声は国王である自分より高く、斉国の権をほしいままにしていると思いこみ、ついに孟嘗君の宰相を罷免した。食客たちは孟嘗君が罷免されたのを見ると、みな立ち去ったが、馮驩だけは残った。そして、敏速に斉・秦の間を往復して雄弁をふるい、孟嘗君をもとの地位に復することに成功した。こうして湣王が孟嘗君をふたたび宰相に任ずると、馮驩は食客たちを迎える準備をはじめた。すると、孟嘗君は歎《なげ》いて言った。

「わたしは人物を好んで、手ぬかりなく待遇したつもりだ。だから、食客が三千余人にのぼったのだ。ところが、彼らは一旦わたしが罷免されたと見ると、みな背《そむ》いて立ち去り、わたしを顧みる者は一人もなかった。いま、あなたのお蔭でもとの地位にかえることができたが、食客たちは、いかなる面目あって、ふたたびわたしに会うことができようか。もし、またやってくる者があれば、どうしても、その顔に唾をはきかけて大いに辱《はずか》しめてやりたい」

これを聞くと、馮驩はきっぱりと言った。

「あなたのお言葉はまちがっています。物には必然の結果があり、事には当然の理がありります。生あるものが必ず死ぬのは、物の必然の結果です。富貴であれば多くの人士があつまり、貧賤であれば友がすくないのは、事の当然の理です。あなたが地位を失われますと、食客たちはみな立ち去りましたが、それを理由にして彼らを怨み、いたずらに彼らの路を絶つには当たりません。どうか、もとどおり彼らを待遇してください」

かくて、孟嘗君は馮驩の言をききいれたという。

立ち去った食客たちを怨んだ孟嘗君の気持ちには、同感できないこともない。だが、馮驩の言葉は、ぐさっと心をつらぬくのだ。

貧乏がきわまって食物もなくなると、人は食物のある者にすがりつき、急場をしのいで満腹すると、より豊かな者を求めて飛び去っていく。こちらが裕福であれば、なんだかんだと集まってくるが、落ちぶれて素寒貧《すかんぴん》になれば、一片の同情すら残さずに見捨てて立ち去ってしまう、非常に悲しいことだが、これが人情の通患なのだ。われわれ人間は、冷静に眼を拭い清めて、その悲しい人情の常を見つめるべきで、世間の人情に対してかるがるしく怒りをぶつけるのは慎しむべきだ。そうすることによって、せめて自分だけでも通患の外に立とうとする悲願を感得できるだろう。

にわか成金はこんな間違いをする

「前人云ふ、『自家の無尽蔵《むじんぞう》を抛却《ほうきゃく》して、門に沿《そ》ひ鉢を持して貧児に効《なら》ふ』と。また云ふ、『暴富の貧児、夢を説くことを休《や》めよ。誰《た》が家の竈裡《そうり》か火に烟《けむり》なからんや』と。一は、みづから所有に昧《くら》きを箴《いまし》め、一は、みづから所有に誇るを箴む。学問の切戒《せっかい》となすべし」前集157

むかしの人の言葉に、「わが家の無尽蔵（財貨を無限に貯蓄してある蔵）をうち捨てておいて、人の家の門口に立ち、鉢を持って乞食のまねをする」とあり、また、「にわか成金の成り上り者よ、富に誇って夢のようなほらをふくな。どこの家の竈《かまど》でも煙のたたないものはなく、多少の財産はどこにでもあるものだぞ」とある。前者は、自分が人としての十分な資質をもっているのに、それに気づかずに他人に求めまわる愚を戒め、後者は、自分のわずかばかりの資質を鼻にかけて、むやみに自慢するのを戒めたものである。この両者は、学問をしていくうえで大切な戒めとすることができる。

ここにいう学問は、現代の学問とは違う。現代の学問は、もっぱら知的なものであり、従来の知識の集積と理解のうえに立って、新知識を創造することであるが、ここにいう学問は、全人間的なものであり、人が生まれながらにしてそなえている良知を再発見し、拡充することである。

しかし、本章の所説は、現代の学問についても通用する。自分がわずかばかり知的にすぐれた才能をもっているからといって、それを鼻にかけて不断の研究を怠ったら、その人は、たちまち学問の世界の取り残された存在になってしまうだろう。また、必要以上に自分の才能を卑下していたら、これまた、学問の世界では通用しない存在になってしまうだろう。ある老学徒は、つぎのようにしみじみと嘆いている。

「わたしがまだ大学生で、卒業論文を書いていたときだ。なかなかまとまらないで苦しんでいるうちに、ふと不安を感じて自分の能力を分析してみたことがある。極めておおざっぱな分析だったが、学問をする資質として、記憶力、理解力、推理創造力をあげ、自分がそれをもっているかどうかを考えたのだ。

まず記憶力だが、幼いころから見聞したつまらないことをかなり覚えているので、合格点をつけた。つぎに理解力だが、そう鈍《にぶ》いとは思わなかったが、鋭《するど》いとはとても思えなかったので、合格か不合格かをきめかねた。おわりに推理創造力だが、これには全く自信がもてなかった。

そこで、残念ながら、自分には学問をつづける資格がないと思った。だから、卒業後、研究者の道にすすむことをあきらめたが、なんとか学問の周辺で仕事をしたい思いが強く、会社にはいって調査マン生活をはじめたわけだ。ところが、やはり、好きな道というか、いつまでたっても学問をしたいという希望が消えない。そこで、とう とう、三流の学者にでもなれればいいと思って、会社をやめて教師になった。それからもう三十年にもなるが、教師になってしみじみよかったと思う。そして、同時に、学生のときにつまらないことをしたものだと思う。わざわざ自分で自信を失うようなことをしたのだからね。あんな余計なことをせずに、一直線に好きな道にすすんでいれば、二流の学者ぐらいにはなれたかもしれない」

金持と聡明な人が怨みを買う場合

「富貴の家はよろしく寛厚なるべくして、反《かえ》って忌刻《きこく》なり。これ、富貴にしてその行を貧賤にするなり、いかんぞよく享《う》けん。聡明の人はよろしく斂蔵《れんぞう》すべくして、反って炫耀《げんよう》す。これ、聡明にしてその病《へい》を愚懵《ぐぼう》にするなり、いかんぞ敗《やぶ》れざらん」　前集31

富貴の人は豊かな生活をしているのだから、他人に対しては寛大で、情ぶかくあるべきなのに、かえって猜疑《さいぎ》心が強くて、苛酷な者が多い。これでは、せっかく富貴であっても、貧賤な人と同様のおこないをしているわけで、どうして真の幸福を受けられようか。聡明な人は、他人の心がわかるのだから、反感をうけないように、自分の才智を深くかくしておくべきなのに、かえって見せつける者が多い。これでは、せっかく聡明であっても、暗愚《あんぐ》な人と同様の欠陥におちいっているわけで、どうして失敗しないでいられようか。

富貴と聡明は、人がみなそうありたいと願うものであるが、実際に富貴であり、聡明である人はすくない。それだけに富貴な人、聡明な人には、人々の羨望があつまる。そこで、富貴な人や聡明な人は、よほど慎重に身を持さないと、人々の羨望は敵意にかわり、それを一身に受けることになる。そうなっては、富貴も聡明も、ただ身をほろぼす邪魔ものに堕してしまう。

豊かな財産をきづきあげ、高い地位にのぼるには、なみなみならぬ努力を要するだろう。だから、富貴の境遇に立てば、いつまでもその境遇をつづけたいと思うのは、むしろ当然かもしれない。

しかし、あまりにも富貴に執着すると、あらぬ猜疑《さいぎ》心を抱いたり、貪欲無慈悲な心のとりことなって、他人に対して苛酷《かこく》なふるまいに及ぶことになろう。これでは、敵をつくるまいとしても、所詮、周囲の人々はみな敵となり、ついには富貴の境遇をも失うことにもなりかねない。

また、聡明な人は、他人の心の動きがわかるのだから、たとえば、自尊心を傷つけられた人が、傷つけた人に対して、決してよい感情をもたないぐらいのことは心得ている筈《はず》である。

ところが、聡明な人が他人の自尊心を傷つけることがよくある。それは、聡明にまかせて、相手の愚かさをピシャリと指摘するからである。

もともと、聡明な人は、他人の言動の欠陥にすぐ気がつく。そして、つい黙っていられなくなり、自分の才智を示してしまうのだ。一面において、それも無理のないことだとは思うが、相手の自尊心を傷つけたり、いたずらに才智を誇示するように受け取られるおそれがあったりする場合には、絶対につつしむべきだ。さもないと、思わぬ怨みを買って必ず身の破滅におちいるだろう。聡明であればあるほど、才智を深くして、奥ゆかしさを身につけていくべきである。

名誉欲・金銭欲を去ってはじめて立派な人間になれる

「功名富貴の心を放ちえて下せば、すなはち凡を脱すべし。道徳仁義の心を放ちえて下せば、わづかに聖に入るべし」前集33

功名を立てたい、富貴な身分になりたいという心にとらわれないようになってこそ、はじめて凡俗の域をぬけでることができる。道徳仁義を身につけて実践したい、という心にとらわれないようになってこそ、はじめて聖人の域に達することができる。

人は誰でも、功名を立てたい、富貴な身分になりたいという願望をもっている。その願望は、人にとって必ずしも悪いものではない。人は、それによって努力もするし、精進もする。また、世の中は、それによって進歩する。しかし、人の心が功名富貴をのぞむ願望によって占領されると、人は功名富貴の奴隷になりさがり、それ以上のものが人生にあることを見落としてしまう。そして、功名を立て、富貴な身分になるためならば、他人を裏切ったり、その足をひっぱったり、あらゆる不正な手段に訴えることも辞さなくなる。そうなれば、人はその心性を自分で傷つけるし、世の中は、ただ混乱するばかりである。

だから、人は功名富貴をのぞむ願望にとらわれてはならないのだが、それは、なかなかむずかしい。ともかく、心を冷静に保って、真に自分を充実する道をさぐり、そのような自分をとおして、自他ともに快適に生きうる方途を見いだすべきであろう。

また、道徳仁義は人にとって大切なものである。それによって人の世は秩序づけられ、人は正しく安穏に生活することができる。だが、それに凝り固まると、道徳仁義に使役されるだけの人間になりさがり、血のかよった生ま身のままに自適する人間ではなくなり、いたずらに世の中に摩擦をおこすだけの、融通のきかない存在になってしまう。だから、人は道徳仁義を身につけたいという心にとらわれてはならないのだが、いったんそれに目が向くと、どうしてもとらわれがちで、悠々として自適する域には達しがたい。その域に達するためには、やはり、真に自分を充実する道をさぐりつづける以外に方途はないだろう。

貧しいといって人を救えないことはない

「士君子、貧にして物を済《すく》ふこと能《あた》はざる者あり。人の痴迷《ちめい》のところに遇ひては、一言をいだしてこれを提醒《ていせい》し、人の急難のところに遇ひては、一言をいだしてこれを解放す。またこれ無量の功徳なり」前集142

世のため人のために活動することを念願しているところの心ある人で、貧乏なために、物質的に人を救うことのできない者がある。

しかし、その人も他人が愚かになって迷っている場面に出会えば、ちょっと言葉をかけてやるだけで、その迷いから呼びさましてやることができ、また、他人がさしせまった危難のなかで苦しんでいる場面に出会えば、ただの一言でその苦しみを解きほぐし、救ってやることができる。物質的に救ってやれなくても、こうした救済もはかり知れない功徳である。

貧しさから脱けだそうとして、いくら努力しても、なかなか思うようにいかず、長い貧乏生活に閉じこめられると、人は、正直に働くのが馬鹿らしくなることもある。そのようなときには、多少の金品を恵まれても、そう大して有難いとは思わないだろう。ところが、同じ貧乏人が、「つらいのは君だけではないんだよ」と心の底から語りかけた一言が、はっとその人の心を呼びさまし、「そうだ、やはり正直に働くほかはないのだ」と思いかえさせ、それがきっかけになって、その人が貧乏生活に別れを告げるようになることだってありうる。だから、「もちつ、もたれつ」が世の中の常法と知りつくしている心ある人は、自分が貧乏生活をしていて、人を物質的に救済できないからといって、世のため人のために活動したいという本来の念願を忘れてはなるまい。

また、しかし、人を救済するには、精神的援助だけでは限度があり、やはり物質的援助を必要とする場合が多い。だから、一時的にもせよ、多少のゆとりができた場合には、それを自分ひとりのために消費しない心がけを持ち続けることが肝要だろう。なかなかむずかしいことだが、そうありたいものである。

金持より貧者の方がねたみが少ない理由

「炎涼の態は、富貴さらに貧賤よりもはなはだしく、妬忌《とき》の心は、骨肉もっとも外人よりも狠《こん》なり。この処、もし当るに冷腸を以てし、御するに平気を以てせざれば、日として煩悩障中に坐せざることすくなからん」前集135

人情はときには暖かく、ときには冷たいが、その暖冷の変化の状態は、富貴の者どうしの方が、貧賤の者どうしよりも一段とはげしいし、他に対するねたみ心は、血縁関係にある者の方が他人どうしよりも、一段と執念ぶかい。

この点に関して、もし、冷静な心をもって当らず、平静の気をもって制御しないと、一日一日がさまざまに心を悩ます日になってしまうだろう。

貧賤の者は、地位もなければ財産もなく、それらについて一種のあきらめをもっている者が多い。だから、貧賤の者どうしには、いたわりあう傾向がある。また、争ってみたところで、たがいに実益を期待できないのだから、争うことはすくない。従って、貧賤の者どうしの人情はおだやかで、あまり変化しない。

一方、富貴の者は、現有の地位や財産を守ろうとし、また、ますます富貴になろうとする。だから、富貴の者どうしには、他を蹴おとさなければ、自分が蹴おとされるような関係が生じ、常に利を求めていがみあう状態になりかねない。その結果、昨日の友は今日の敵という現象があちこちにおこり、人情の変化はすさまじいものがある。これでは、たがいに信頼感などが生まれるはずはなく、いつも影におびえる苦悩の日をおくることになるだろう。富貴の者は、ともすればそうした生活環境におかれることをよく自覚し、冷静な心で対処しなければなるまい。

また、交友関係にある二人のうち、一方が非常な幸運をつかんだとしても、他方は羨ましいとは思っても、そう大してねたむことはないだろう。生活は別々であり、あまり影響をうけないからである。ところが、血縁関係にある場合は、そのようにあっさりとはいかない。たとえば、兄弟のうち、兄がすぐれた才能に恵まれていて、弟が普通であるとすれば、弟は必要以上に自分の不才を恥じる気持ちと、兄をねたましく思う気持ちとに追いこまれるだろう。そうした兄弟関係で日をおくるうち、あるとき、突然、弟が他人の引き立てなどで兄より数段高い社会的地位を得たとすれば、こんどは兄が兄弟関係が逆転したように感じて、弟に対してねたみ心をいだくだろう。それは、血縁関係にある者の生活には交錯する面が多くて、たがいに強く影響しあうからである。親戚どうしで隣りあって住んでいながら、ふとしたねたみ心で口もきかない仲になったり、兄弟が共同で事業を経営しているうちに、他人以上に反目しあったりする例は決してすくなくない。血縁関係にある者は、たがいに冷静にねたみ心を抑制して、その交際にのぞまねばなるまい。

人の心に大差はない

「人々、個の大慈悲あり、維摩《ゆいま》、屠劊《とかい》も二心なきなり。処々、種の真趣味あり、金屋、茅簷《ぼうえん》も両地にあらざるなり。ただこれ欲蔽《おお》ひ情封じ、当面に錯過せば、咫尺《しせき》をして千里ならしむ」前集45

人間である以上、人は誰でもその人その人なりの一個の大慈悲心をもっている。維摩も屠劊も（維摩は、釈迦と同時代の印度の大徳の居士。屠は、牛馬などの屠殺に従事する業者。劊は、罪人の首斬りに従事する業者）、大慈悲心をもっている点は同じで、心に二つはない。また、いかなる生活環境のなかにも、一種の真のおもむきはある。富貴な人の住む金殿玉楼も、貧賤な人の住む茅葺《かやぶき》のあばらやも、住む人にとってはそれ相応のおもむきがあるものであり、住む場所に二つはない。

ただ、貪欲に心を蔽われて、むやみに富貴をのぞんだり、私情に心をとじこめられて愛憎に走ったりして、ほんのちょっとでも間違いをおこすと、本来は差のない心や環境に、千里もの大差が生まれるのである。


人の心には大差はない。誰の心にも慈悲の光があり、残忍の影もある。たがいに慈悲の心をもって接すれば、この世は極楽となって自分も救われ、その反対に、たがいに残忍の心をもって接すれば、この世は地獄となって自分も破滅する。この点をよく自覚すれば、人はそれぞれ慈悲心を見失わぬようにつとめ、それをより大きく育成しようとつとめるだろう。

人間は、本来、不完全な存在なのだから、いくら慈悲心を育成してみても、残忍な心を抹殺することは不可能だが、それでも、この世はまだ救いのある住みよいものにはなるだろう。

もし、心に対する自覚を欠けば、人は貪欲に心を蔽われ、私情に心をとじこめられて、ついには、たがいに残忍の心のままに接することになり、この世は救いのない、住みにくいものになってしまうだろう。

生活環境は、人にとってまず与えられるものである。金殿玉楼に生まれる人もあれば、茅葺のあばらやに生まれる人もある。茅葺のあばらやに生まれた人が、自分は金殿玉楼に生まれたかったとのぞんでも、それは不可能なことである。このことは一見、不公平のようであるが、有難いことには、金殿玉楼におもむきがあるように、茅葺のあばらやにもそれ相応のおもむきがある。それが理解できれば、茅葺のあばらやの生活も楽しいものとなり、金殿玉楼の生活にはない楽しさをも発見するようになるだろう。そうなれば、不公平だという考え方は消えてしまうだろう。とにかく、まず、与えられた生活環境を素直に受け取って、そのおもむきを理解し、それに順応しながら生きてみることだ。そうしているうちに、与えられた生活環境は築きあげられた生活環境へと推移していくだろう。

横逆困窮に耐えれば、人情と人間味が育つ

「横逆困窮は、これ豪傑を煅煉《たんれん》するの一副の鑪錘《ろすい》なり。よくその煅煉を受くれば、

身心こもごも益し、その煅煉を受けざれば、身心こもごも損す」前集127

無理非道や窮乏生活は、人を鍛錬してひとかどの人物に仕上げるための、熔鉱炉のようなものである。その鍛錬をうけて耐えぬけば、身心ともに益せられて人物に成長するが、その鍛錬をうけなければ、修業の機会にめぐまれず、身心ともに損う結果になる。

他人から無理非道の仕打ちをうけたり、窮乏して生活苦におちいったりすれば、人はさまざまの苦労をせざるをえない。しかし、そうした苦労を背負うことは、実は、その人が鍛錬されるチャンスなのである。

無理非道の仕打ちをうければ、あるいは憤激し、怨み、身の不運を嘆きもしようが、また、なぜこのような仕打ちをうけるのかと、反省もするだろう。反省をしてみて、自分の欠陥に気づけば、改めようとする意欲が生まれるし、その仕打ちのいわれなさがわかれば、怒りや、怨みや、嘆きをおさえて、敢然として無理非道に耐える勇気もわくだろう。そして、それに耐えぬいていくうちに、身心ともに強靱になり、他人に対して無理非道をおこなうまい、という思いやりをもわがものとして、人間的なはばを増すことだろう。

また、窮乏して生活苦におちいれば、もうこれ以上は窮乏してはいられないという気持ちから、逆に勇気をふるいおこし、衣食が不足していてもみじめな心にならず、人々の蔑視にもいじけず、胸を張って生活する態度を会得するだろう。そして、そのようにして生き抜いていくうちに、他からの援助をあてにせずに、もっぱら自力に頼る逞《たく》ましさをわがものとし、貧苦の人を、貧苦なるが故に蔑視する浮薄な心情をこえて、血も涙もある人間に成長するだろう。

してみれば、無理非道や窮乏生活は、まさに人を鍛錬するためにあると言える。

ただし、それは、無理非道や窮乏生活にあうことを、自分が鍛錬されるチャンスとうけとって、よくその鍛錬に耐えた場合の話であって、チャンスとも思わず、耐えようともしなければ、話は全く別である。

無理非道な仕打ちをうけて、ただ憤激して怨みをはらそうとだけすれば、こちらも、非道にうったえても相手に仕返しをしようとする卑劣な心情になりかねないし、はては自分をだめにしてしまうこともないとは言えない。

また、無理非道な仕打ちをうけた身の不運を嘆いてばかりいたのでは、無気力になって自滅の道をたどらないともかぎらない。

窮乏生活にしても、まともにそれに立ち向おうとはせずに、いたずらに他からの援助をあてにしてみたり、世の薄情を怨んで、ひがんでばかりいたのでは、ただ破滅にむかって進むだけだろう。よくよく考えてみなければならない問題である。

また、無理非道な仕打ちもうけず、窮乏生活にもおちいらないことは、決して不幸でないばかりでなく、有難いことである。

しかし、その恵まれた境遇のなかには、うっかりすると、人間としての大切なものを見逃してしまう危険がある。無理非道な仕打ちをうけて苦しんでいる人を目の前に見ても、自分がその経験をもたないために、心から同情していたわることができず、貧苦の人がその苦しみに必死に耐えている心情を理解できないで、不用意に相手を傷つける言動をしてしまう場合もある。

石投げが子供にとっては遊びであっても、蛙にとっては命がけだということがわからないからである。

これでは、せっかく恵まれた境遇のなかにあっても、人間として満足に成長することはできまい。心すべきことである。

善行の報いは、かくれていても必ずある

「善をなしてその益を見ざるは、草裡《そうり》の東瓜《とうか》のごとし。おのづからまさに暗に長ずべし。悪をなしてその損を見ざるは、庭前の春雪のごとし。まさに必ずひそかに消ゆべし」前集161

善事をおこなっても、善い報いがないことがある。しかし、その善事の結果は、草むらにかくれている瓜が外からは見えなくても、自然に成長していくように、必ずその人を成長させる。悪事をおこなっても、悪い報いがないことがある。しかし、その悪事の結果は、庭さきに積もった春の雪がいつのまにか消えてしまうように、必ずその人を破滅にみちびく。

善事をおこなえば善い報いがあり、悪事をおこなえば悪い報いがある——これは、人々の悲願であり、そうであれば全く問題はないのだが、世の中の現実はそうはいか

ない。

善事をおこなっても栄えず、悪事をおこなっても滅びないばかりでなく、善人が善なるが故に滅び、悪人が悪なるが故に栄えることすらあり、それも極めて希れなことではない。そこから、天道は是なのか非なのかという重大な疑問も生まれるわけであるが、本章はこの疑問をふまえて、しかも、長い眼で総合的に見れば、人々の悲願は達成されると言い切っている。

その当否については読者の皆さんの判断におまかせするが、善人かならずしも栄えず、悪人かならずしも滅びない世の中に生きて、大多数の人々が、かぎりなく善に近づき悪から遠ざかろうとして、懸命に人生の歩みをつづけているのは事実であろう。それは、善事をおこなうことについて、かならずしも善い報いを期待していないからではなかろうか。善い報いがあるから善事をおこなうという打算にとらわれることなく、どうしてもそうせずにはおられない気持ちから、善事をおこなうのではなかろうか。

そうだとすれば、不完全な存在でしかない人間にも、救いはあるわけである。そうなのだ、やはり人生は美しく楽しいものなのだ。おたがいに手をたずさえて、元気に生きぬこう。

自分の善行は忘れよう、人にかけた迷惑は忘れまい

「われ、人に功あらば念《おも》ふべからず、しこうして過は念はざるべからず。人、われに恩あらば忘るべからず、しこうして怨は忘れざるべからず」前集51

もし、自分が人のためになることをしてやったならば、それをいつまでも念頭におかずに、忘れてしまうべきである。しかし、人に迷惑をかけた場合には、それをいつまでも念頭において、必ず償わなければならない。また、もし、人が自分に恩恵を施してくれたならば、それをいつまでも忘れずに、必ず恩返しをしなければならない。しかし、人から受けた怨みは、すぐに忘れるべきである。

Aさんは、Bさんの世話をしたことがある。Bさんは、そのためにAさんに感謝の念をもっていた。ところが、その後、AさんはCさんに、「以前、Bさんの面倒を見てやったことがあるのだが、Bさんはこのごろ顔を見せたこともないのだ」と話した。この話はCさんから人々に伝わり、Bさんの耳にもはいった。それからというもの、BさんはAさんに対する感謝の念を捨ててしまった。——以上のいきさつから、人は、

Aさんがせっかく B さんの世話をしたのに、Bさんからの何らかの報酬を期待して、世話をしたことをいつまでも念頭においていたえげつなさを笑うことだろう。

そうなのだ。人の世話をしたり、人に恩恵を与えたりしたら、報酬を得ようなどとは思わずに、忘れてしまうべきなのだ。

このことは、一般論としては、誰にもすぐわかるのだが、さて、自分のこととなると、なかなか忘れきれないものだ。じっくり反省すべき問題だろう。

同様にして、人に迷惑をかけたら、忘れてはならないのに忘れがちであるし、人から恩恵を与えられたことも、忘れてはならないのに、やはり忘れがちであるし、人から受けた怨みは、早く忘れなければならないのに、なかなか忘れきれないものだ。これらの点も、じっくり反省すべき問題だろう。あるいは、そんな考え方ばかりしていたら、今日の友は明日の敵という、この世知辛い世の中では、たちまち足をひきずられてしまうだろう、という危惧を抱く人があるかもしれないが、もし、一人一人が前述の反省をしながら生活するとすれば、世の中の世知辛さは、よほど緩和されるにちがいない。

消極的に見えても意義ぶかい人生もある

「事を謝するは、まさに正盛の時に謝すべく、身を居《お》くは、よろしく独後の地に居くべし。徳を謹しむは、すべからく至徴の事を謹しむべく、恩を施すは、務めて報ぜざるの人に施せ」前集154

世の中の第一線から隠退するには、功なり名とげた盛栄のときに隠退すべきであり、身を落ちつける地位としては、ひとり後れて人々から取り残された地位がよい。徳行を謹しんで過誤のないようにするには、極めて微細な事について謹しむべきであり、恩恵を施すには、恩返しのできないような人に施すのがよい。

これは、一見したところ、非常に消極的な意見のように思われる。世の中で大いに活躍しようとする見地から見れば、たしかに消極的である。しかし、徳を身につけようとする見地から見れば、必ずしも消極的ではない。

徳を身につけることを第一義とする人でも、時と場合によっては、権勢の座につき富貴の身となって、世の中の第一線で活躍しなければならないこともある。しかし、権勢・富貴はその人にとっての目的ではないので、それらに執着する愚を演ずることなく、一応の役割りをはたした後の、まだ盛栄の時期に隠退することになるだろう。つぎに、取り残された地位は、当然、人々の競争の対象とはならない。だから、一歩しりぞいてそうした地位に身を落ちつけていれば、地位あらそいに巻きこまれることもなく、悠々と徳をみがくことができるだろう。

また、徳行はすべて自分を充実するためのものであって、世の中に誇示するためのものではないのだから、まず人々の注目しない微細なことについて謹しむべきであり、恩返しされることを計算に入れて恩恵を施すのでは、恩恵を施す本来の意義がなくなってしまうから、つとめて恩返しのできない人に恩恵を施すことになるだろう。このように考えてくると、消極的と思われるこの意見には、なかなか深い味わいが含まれているわけで、よく噛みしめてみるべきであろう。

順境にあるときでも悪い兆《きざし》にそなえよう

「衰颯《すいさつ》の景象は、すなはち盛満の中にあり。発生の機緘《きかん》は、すなはち零落の内にあり。故に、君子は安に居りてはよろしく一心を操りて以て患を慮るべく、変に処してはまさに百忍を堅くして以て成を図《はか》るべし」前集117

衰えて淋しくなるきざしは、盛んで満ち足りた状況のなかで、はやくも動きだすものであり、新生のはたらきは、零落した状況のなかで動きだすものだ。

だから、心ある人は、安らかな順境にあるときには、心を正しく守って、後日の苦難にそなえて考慮すべきであり、苦しい逆境にあるときには、忍耐の上になお忍耐して、あくまでも成功をはかるべきである。

人は、ある境遇のなかに生まれてくる。そして、あるときには、その境遇に順応して生き、また、あるときにはその境遇を打破して生きる。境遇は、人にとって、与えられるものであると同時に、自分で形造るものだからである。

貧乏な境遇に生まれた人が、それに満足してぬけだそうとしなければ、いつまでも貧乏のままでいるのだろう。しかし富裕になりたいと思えば、努力次第で貧乏からぬけだすことは不可能ではない。

また、富裕な境遇に生まれた人が、いくら富裕のままでいたいと思っても、富裕にまかせて浪費をくりかえしたら、たちまち貧乏に転落してしまうだろう。

いずれにしても、人は、おかれた境遇を正面から見すえて、どう受けとり、どう対処するかをじっくり考えなければなるまい。

ここでは、順境にあるときと、逆境にあるときとに分けて、それぞれへの対処の仕方を説いているわけだが、どちらかといえば、順境に対処する方がむずかしいのではなかろうか。

逆境の苦しさに耐えることは、無論、なまやさしいことではない。手も足もでない状況のなかで、なんとしても成功への道を切りひらこうとすることは、なみたいていの苦労ではないだろう。しかし、逆境にあるときには、人の精神には自然と緊張するはたらきがあり、なにくそという闘志がわきやすい。従って、苦労を苦労とも思わずに、思いがけない力が発揮されることもありうる。

ところが、順境にあると、順境にあることがあたりまえに思われ、それがいつまでもつづくという錯覚をおこしやすい。その錯覚から油断が生まれ、後日の苦難などは、全く念頭にうかばずに、うかうかと非道をおこなってしまいがちである。そして、たとえば、ある程度の金銭をふところにしていて、まだあると思っているうちにすっからかんになった経験は、かなりの人がしているだろうが、それと同じで、気がついてみたら、逆境におちていたということになりかねない。どうも、順境に対処する方がむずかしそうである。

本当の喜びは苦しみを超えたときにある

「苦心のうち、常に心を悦《よろこ》ばしむるの趣《おもむき》をう。得意のとき、すなはち、失意の悲しみを生ず」前集58

なにか事にあたって、それを解決しようとして、苦心さんたんしている最中に、本当に心を喜ばせることがおこる。ところが、反対に、なにかをしとげた得意のときには、もう失意の悲しみが生まれている。

その時には楽しいと思うことでも、いつの間にか忘れてしまって、その楽しさを思いだせないことがある。それは、本当に心を喜ばせることではなかったのではなかろうか。

ところが、その時には苦しいと思うことでも、いつの間にか楽しい思い出にかわり、心に焼きついて忘れられないことがある。それこそ、本当に心を喜ばせることであったのではなかろうか。

ある大学教師はこう語っている。

――「わたしの所属している学科では、卒業論文を必修にしているのですが、学生にとっては、卒業論文を書くということは、大したことなのですね。ときどき卒業生がたずねてくると、よく卒業論文の話がでるのです。書きあげる自信がなかったとか、苦しみの連続だったとか、もっと早くから着手すべきだったとか、まあ、苦しんだ話や、こうすべきだったという類の話が大半ですが、それでいて、みなが口をそろえて言うのは、書いてよかったという感想です。なかには、卒業論文を書いたことだけが、大学生活の思い出として残ったと極論する者もいます。そうだろうと思いますね。レポートなどはともかく、はじめて論文を書く者が大多数なのですが、それだけに、論旨が一応まとまったときの喜び、その論旨を展開するのに資料不足で苦しみぬいて、やっとそれを見つけたときの天にも昇る心地、主張しようとすることを、まがりなりにも論理的に表現できたときの満足感、それらが、書きあげてしまって苦しみから解放された後で、いつまでも心に残るのですね。それに、自分もやればやれるのだという自信もつくのでしょう」

人は常に希望をもつ。そして、それがかなえられた得意のときに絶望を感じ、その絶望のなかで、さらに新しい希望を見いだしていく。これが人生ではなかろうか。このことについても、また、ある大学教師に語ってもらおう。

――「四月に新入生がはいってきますが、五月になると、毎年、虚脱したようになる者がかなりいます。いわゆる〝五月危機〟ですね。その理由はいろいろあるでしょうが、受験勉強をしているときには、入学試験を突破して大学生になりたいという目標があったのに、入学できてその目標がなくなってしまったことが、一番大きな理由ではないでしょうか。大学生が輝やかしい存在に見えて、自分もそれになりたいという、ひとすじの希望でやってきたのに、なってみると平凡な存在にすぎないことがわかって、なあんだという気持ちになるのですね。そして、つぎの目標がまだ見つからない。だから虚脱状態になるわけです。はやく新しい目標を見つけてくれれば問題はないのですが」

解説

渡辺憲司
自由学園最高学部長

野口定男先生が、本書を「現代人のための中国思想叢書」の一冊として、新人物往来社から初めて刊行したのは、昭和48年（1973年）4月、57歳であった。先生が、本書を執筆のために机に向かっていたのは、その前年もしくはその少し前であったに違いない。

中国の歴史又文学研究の規範たる、労作「史記　上・中・下」の訳が、平凡社から刊行されて一段落ついたのは、昭和46年である。学究として大きな峠をのぼった時であった。

一段落などというのは、相応しい表現ではないであろう。峠はさらに重なる山並みであった。

45年、先生は、日本文学科長に就任し、学生部長を退任された。先生が、立教大学の学生部長に就任したのは、昭和42年である。

昭和44年4月のフランス文学科の人事に端を発して立教も大学紛争に入っていった。この年の6月は忘れられない。文学部はバリケード封鎖され、大衆団交が繰り返され、29日には、文学部カリキュラムが白紙撤回された。

先生は、学生部長として常に紛争の渦中にあった。

私は、昭和43年に卒業し、大学院の修士課程に進みながら、翌年の44年には横浜の定時制高校に就職した。横浜の高校の勤務始業時間は午後2時。大学院での授業は午前中しか受けられなかった。

先生の授業は1限。9時、酔い覚ましだと言って、濃い熱い緑茶をすすって講義が始まる。封鎖直前まで講義があった。

時に講義は、『史記』列伝そして司馬遷に及んだ。

正義を貫きながら、伯夷と叔斉が餓死するという話になると、司馬遷自身が、李陵を弁護し屈辱的な刑を受けたという話を重ね、正義とは何かを語った。流転する歴史の中で正義が悲痛な叫びをあげるのだ。正義を前に野口定男と司馬遷が重なった。

「天道是か非か」。先生がめがねの奥を拭いている。学部の授業でも先生にこの様な瞬時があった。思いが教室を覆う時、青春が大学に問いかけている根源的意味を私たちは肌で感じていた。大衆団交で壇上に駆け上り詰め寄った学生も先生の講義に涙していた。

熱い時代であった。

本書刊行の前年47年2月、赤軍派による浅間山荘事件で過激なる時代は大きく転変し終結の方向をとった。

本書は、先生の肉声である。一つの訳に注目したい。

『菜根譚』前集166（本書144頁・「奇人と変人とはこう違う」）

「汚に合せざれば、すなわちこれ清なり。俗を絶ちて清を求むる者は、清とならずして激となる」（本文）

「世俗の汚れに染まらなければ、それが清潔な人である。世俗と絶縁して清潔を求める者は、清潔な人ではなくて過激な人である。」（野口訳）

この章の解説を先生は、次のように終わっている。

「世の中は汚れと矛盾に満ちているから、これを離れなければ清潔を求められないとして、世を捨てるなら、それは真に清潔を求める人ではない。われわれは、どうしても人の世の中に生きなければならない。世の中とともに推移しつつ、いつまでも奇を求め、清潔を求めて生きたいものだ。」

奇とは、「よく俗を脱すれば、すなわちこれ奇なり。」とあるごとく、世俗の汚れにまじわらないことである。「名誉や利益にはしる世俗の風潮から脱けでてしまえば、それが奇人である。」とも先生は述べている。

先生は、世俗と絶縁するような人を「過激な人」という。これは、おそらく先生の独特の訳語であろう。因みに岩波文庫所収の『菜根譚』の訳は、「常軌をはずれた人」と訳している。

当時多くの若者が、過激派に走った。過激という言葉には社会背景がある。先生は、常軌をはずれた人などと訳すことは出来なかったのである。先生の講義を聞き、涙する学生の顔が浮かんだからである。

先生は、この章で、「われわれは、どうしても人の世の中に生きなければならない。」というフレーズを二回使っている。短い章の中で二度使うなどというのは異例である。大学が混乱に陥った時も、先生は朝早く、いかなる状況にあっても、机に向かい、実に丁寧に、文章の彫琢に心していた。思いの強さがこの文にはこめられているのだ。

２０１５年今年の卒業生を送る文集に、私は、『菜根譚』の一文を引用し、「払意《ふつい》を憂ふることなかれ。快心を喜ぶことなかれ。久安を恃《たの》むことなかれ。初難を憚《はばか》ることなかれ。」（本文72頁）

「払意とは、思い通りにならないこと。意のままにならないからといって、気にかけすぎてはいけない。思いのままになったとしてもむやみに喜んでばかりいてはならない。今の状態が平安に続くとばかり思ってはならない。喜びの中にあってもそれが長続き、久安であることはない。幸せの渦中にあるものは、自分の位置を忘れる。喜びに身を浸しながらも自分を顧みることが必要である。それは幸せへの臆病といってもいい。自己抑制、謙虚さといってもいいかもしれない。そして、どんなに謙虚であろうとも、おそらく誰にも待ち構える苦境が訪れるのだ。「初難」である。それは生きることの始動に必ずともなうものである。それに立ち向かえというのである。その気概を希望と呼ぶ。」

と記した。もちろん、野口ワールドの私なりの引き写しである。

本書は野口先生を知る多くの人にも読み継がれるであろう。

しかし、私がもっとも薦めたいのは、青春の渦中にあり未来に進む若者である。

1944年函館市生まれ。立教大学大学院博士課程修了。横浜市立横浜商業高等学校定時制教諭、私立武蔵中学校高等学校教諭、梅光女学院大学短期大学部・文学部助教授、立教

大学文学部教授、立教新座中学校高等学校校長等を経て、現在自由学園最高学部長。２０１１年３月、立教新座高校の卒業式が中止となったため、卒業生へのメッセージを学校のホームページに公開したところ、ツイッター等インターネットを通して大きな反響を呼び、全国に広まった。その全文を巻頭に収めたエッセイ集『時に海を見よ　これからの日本を生きる君に贈る』（双葉文庫）が話題となる。専門は日本近世文学。著書は他に『江戸遊里盛衰記』（講談社現代新書）、『近世大名文芸圏研究』（八木書店）、『江戸三〇〇年吉原のしきたり』（青春出版社）、『江戸の暮らしが見えてくる！吉原の落語』（青春新書）、『江戸文化とサブカルチャー』（至文堂）、『海を感じなさい。次の世代を生きる君たちへ』（朝日新聞出版）、『江戸遊女紀聞―売女とは呼ばせない』（ゆまに書房）、編書に『新版色道大鏡』（八木書店）、『AN EDO ANTHOLOGY』（UNIVERSITY OF HAWAII PRESS）等がある。

刊行にあたって

渡辺浩章
鉄筆代表

戦後間もない1949年のことです。故郷・福岡の高校を卒業した私の父は、本人曰《いわ》くラグビー部に入部するために、立教大学に入学しました。勇んで上京したものの合宿所はなく、部屋を借りるお金もなく、「友達の部屋に転がり込んで」寝泊まりする日々を送っていました。ある日のこと、見かねた野口先生が、父に同居を勧めたそうです。野口先生は当時ラグビー部の部長代理であり、学生の指導係だったのです。これで父の人生は一変しました。大学構内にあったという野口家での下宿生活が始まると生活は安定し、徒歩一分の教室に通わぬわけにもいかず？無事に大学を卒業することもできました。

父は幼くして実の父親を亡くしていたので、大学時代は野口先生を親父と慕って過ごしたそうです。野口先生こそが俺の本当の父親なのだ、だから、野口先生はお前たちのおじいちゃんだ、と常々、父は語っていました。

1964年に私は札幌で生まれ、物心ついたときには福島で暮らしていました。そして68年に一家は福島から東京へと引越します。以来、74年に福岡へ転居するまでの6年間、私たち家族は野口先生の御自宅を頻繁に訪問するようになりました。

野口家は埼玉県の新座に居を移していました。志木駅の改札を抜けて陽の沈んでいく方角へバス通りを直進すると、駅から離れるほどに畑や林がひょっこり現われます。あるところで角を曲がって小路に入り、栗林の間を抜けると、木々に囲まれた一軒家に辿り着きます。野口先生の御自宅です。幼かった私は、そのようにして月に数度は野口家を訪問し、先生から「論語」の指導をうけていました。

正直にいえば（先生には申し訳ないのですが）、論語そのものはあまり記憶に残っていません。栗林に続く小路への曲がり角の目印も忘れてしまいました。そもそもバス通りを歩いていたのか、あるいはバスに乗っていたのか……、どちらでもあったのかもしれません。でも、東武線の電車の床が木の板であったことや、木の床の放つ匂いは覚えています。帰り道、自宅近くの中華屋で食べたしょうゆラーメンの味を、ナルトの渦模様を覚えています。

論語教室に通っていたのは私のほかに二人の兄と母との計4人でした。4人揃っての通学はなぜか平日の午後であり、授業が終わればすでに夕方なのにすぐには帰らず、応接間に居残って菓子や果物を御馳走になったこともしょっちゅうでした。それでも最後はしょうゆラーメン。いま思うと、しょうゆラーメンを誰よりも楽しみにしていたのは、母だったような気がします。

野口先生の論語教室でもっとも強く印象に残っているのは、先生から手渡される手書きのテキストです。論語の文章を音読するために用意されたテキストには、万年筆で書かれた沢山の文字が原稿用紙のマス目に並んでいました。私のテキストは、すべてが平仮名でした。二人の兄のテキストは、漢字の使用加減がそれぞれに異なっていました。つまり、三兄弟それぞれの学力に応じて書き分けてくれていたのです。

また、論語の講義の途中で先生は、子どもにも分かるようにやさしく、たとえ話をされていました。幼い私に論語は難解でしたから、たとえ話の方に興味をもって耳を傾けました。本書においても、「菜根譚」の訳文よりも先生のたとえ話の方になんともいえない優しさと魅力を感じてしまいます。本書の初刊行が73年で、論語教室に通っていた時期とぴたりと重なりますから、本書を読み返すたびに、当時の先生の話がそのまま活字になっているかのような錯覚をおぼえます。

野口先生は、私たち三兄弟の名付け親でもあります。長男が「泰成」、次男が「共久」、三男の私が「浩章」です。私の名前「浩章」は、「広く世の中を見渡して、本当のことを見つけ出して、それを文章にしてみんなに伝える」という意味だとあるとき先生から教わりました。「だから浩章は、新聞記者になりなさい」とも言われました。私は出版社の道を選んでしまい、新聞記者にはなれませんでしたが……。

私にとって、本書は「座右の書」です。大手出版社を辞めて小さな出版社を起こした今では、その航海に欠かせない「羅針盤」となりました。鉄筆文庫として復刻した本書が、一人でも多くの方にとっての「座右の書」となり「羅針盤」となりますように願ってやみません。

本作品は１９７３年４月に新人物往来社から刊行された『世俗の価値を超えて——菜根譚』を文庫化したものです。文庫化にあたり誤字・脱字やルビの加筆修正等を行いました。

２０１５年３月

世俗の価値を超えて

菜根譚

野口定男

鉄筆文庫 003

世《せ》俗《ぞく》の価《か》値《ち》を超《こ》えて

菜《さい》根《こん》譚《たん》

著者　野《の》口《ぐち》定《さだ》男《お》

2015年 4月21日　初版第1刷発行

発行者　渡辺浩章
発行所　株式会社 鉄筆
〒112-0013　東京都文京区音羽 1-17-11
電話　03-6912-0864
表紙画　井上よう子「希望の光」
印刷・製本　近代美術株式会社

落丁・乱丁本は、株式会社鉄筆にご送付ください。
送料は小社負担でお取り替えいたします。
定価はカバーに明記してあります。

ISBN 978-4-907580-03-2　Printed in Japan

鉄筆文庫創刊の辞

喉元過ぎれば熱さを忘れる……この国では、戦禍も災害も、そして多くの災厄も、時と共にその「熱さ」は忘れ去られてしまうかの様相です。しかし、第二次世界大戦での敗北がもたらした教訓や、先の東日本大震災と福島第一原発事故という現実が今なお放ちつづける「熱さ」を、おいそれと忘れるわけにはいきません。

先人たちが文庫創刊に際して記した言葉を読むと、戦前戦後の出版文化の有り様への反省が述べられていることに共感します。大切な「何か」を忘れないために、出版人としてなすべきことは何かと真剣に考え、導き出した決意がそこに表明されているからです。

「第二次世界大戦の敗北は、軍事力の敗北であった以上に、私たちの若い文化力の敗退であった。私たちの文化が戦争に対して如何に無力であり、単なるあだ花に過ぎなかったかを、私たちは身を以て体験し痛感した。」（角川文庫発刊に際して　角川源義）

これは一例ですが、先人たちのこうした現状認識を、いまこそ改めてわれわれは嚙みしめねばならないのではないでしょうか。

現存する文庫レーベルのなかで最年長は「新潮文庫」で、創刊は一九一四年。それから一世紀が過ぎた現在では、80を超える出版社から200近い文庫レーベルが刊行されています。そんな状況下での「鉄筆文庫」の創刊は、小さな帆船で大海に漕ぎ出すようなもの。ですが、「鉄筆文庫」は、先人にも負けない気概をもってこの大事業に挑みます。

鉄筆の社是は、「魂に背く出版はしない」です。私にとって第二の故郷でもある福島の地で起きた原発事故という大災厄が、私を先人たちの魂に近づけたのは間違いありません。この社是は、たとえ肉体や心が消滅しても、残る魂に背くような出版は決してしないぞという覚悟から掲げました。ですから、「鉄筆文庫」の活動は、今100万部売れる本作りではなく、100年後も読まれる本の出版を目指します。前途洋洋とは言いがたい航海のスタートではありますが、読者の皆さんには、どうか末永くお付き合いくださいますよう、お願い申し上げます。

二〇一四年七月

渡辺浩章